AF373100

LA RÉPUBLIQUE
ET LES ANTISÉMITES

Nouveau Collège de Philosophie

Collection dirigée par Alain Renaut, Patrick Savidan, Pierre-Henri Tavoillot

JURGEN HABERMAS — *L'éthique de la discussion et la question de la vérité.* Discussion animée par Patrick Savidan

◆

ALBERT JACQUARD, PIERRE MANENT, ALAIN RENAUT — *Une éducation sans autorité ni sanction ?*

◆

JOHN R. SEARLE — *Liberté et neurobiologie.* Réflexions sur le libre arbitre, le langage et le pouvoir politique

◆

GILLES LIPOVETSKY et SÉBASTIEN CHARLES — *Les temps hypermodernes*

◆

JEAN-PAUL FITOUSSI — *La démocratie et le marché*

LA RÉPUBLIQUE ET LES ANTISÉMITES

NOUVEAU COLLÈGE DE PHILOSOPHIE

NICOLAS WEILL

BERNARD GRASSET

PARIS

Nicolas Weill est né en 1957 à Paris. Ancien élève de l'Ecole normale supérieure. Journaliste au Monde depuis 1995, il est d'abord critique au « Monde des livres » puis chargé de couvrir la vie intellectuelle au service « France » (politique) à partir de 1999. Parmi ses reportages, il a suivi le procès de Maurice Papon ainsi que la question des spoliations et des biens juifs. Parallèlement il mène des recherches sur l'histoire des Juifs et sur la Shoah. Traducteur de l'hébreu et de l'anglais il a publié plusieurs ouvrages parmi lesquels un roman policier historique dont l'action se situe à l'époque de l'affaire Dreyfus, Meurtre à l'Aurore *(Calmann-Lévy, 1993),* L'Expédition d'Egypte *(en collaboration avec Laure Murat, Gallimard, 1998) et* Une Histoire personnelle de l'antisémitisme *(Robert Laffont, 2003). Il a également préfacé, en 2001, la réédition de* Psychanalyse de l'antisémitisme *de Rudolph Loewenstein (PUF). Parmi ses autres essais en préparation une réflexion sur* La Politique juive. Les Conseils juifs dans l'Europe occupée *(à paraître dans la collection « NRF essais », Gallimard).*

La République affronte une vague d'antisémitisme à laquelle elle semble n'avoir pu répondre jusque-là que par le malaise et l'apathie. Une apathie d'autant plus lourde que la réalité de la crise recèle une mise à l'épreuve de son modèle qu'elle se voit acculée à réformer de l'intérieur, échéance qu'elle recule aussi longtemps qu'elle le peut. L'objet de cet ouvrage est de contribuer à mettre au jour les enjeux internes que recèle la situation actuelle. Ils sont généralement dissimulés par le processus bien connu de la projection ou de l'extériorisation de la cause. Ainsi évacuera-t-on les explications faciles qui rapportent systématiquement l'antisémitisme au conflit du Moyen-Orient. Les pointes les plus spectaculaires des incidents et des violences prennent certes pour prétexte certaines images ou épisodes de l'Intifada [1]. Mais l'antisémitisme à basses eaux continue de s'abreuver à des sources traditionnelles qui alimentent d'ailleurs d'autres types de manifestation d'hostilité aux Juifs. Parce que leur émancipation, produit de la Révolution, a symbolisé une promesse de la République en matière de liberté et d'égalité des minorités et, aux yeux de ses adversaires de gauche et de droite, le signe des accointances de celle-ci avec la bourgeoisie ou de la destruction de l'Ancien Régime, le déplacement des causes de la haine antijuive sur des scènes extérieures n'est pas tenable. Pas plus qu'il ne suffit de noyer le problème dans le brouillard de la mondialisation où tous les chats sont gris. Certes l'antisémitisme est un phénomène global. Mais l'étiologie comme

---

[1]. Comme le dit fort justement Eric Marty : « La vérité est que ces attentats [antijuifs] n'ont aucun rapport avec ce qui se passe au Proche-Orient mais avec ce qu'en rapportent les médias. Si c'est à cause de l'apartheid israélien qu'on brûle des synagogues, il ne reste de réel que l'incendie de la synagogue », in *Les Antifeujs, le Livre blanc des violences antisémites en France depuis septembre 2000*, Paris, Calmann-Lévy, 2002, p. 130.

les remèdes ne peuvent être pensés que sur un plan local.

La thèse ici défendue est que la République ne saurait s'instituer en rempart des minorités sans réformer en profondeur les fondamentaux qui déterminent son style de relations aux groupes et identités collectives qui la composent. Le problème est qu'une décennie d'exaltation défensive du « modèle républicain » (face à la construction européenne ou face à la globalisation) a peu préparé les intellectuels et les politiques à une autocritique sur ce terrain. Or la dénonciation rituelle du « communautarisme » ne suffit plus. Une analyse rétrospective de la relation de l'Etat à ses communautés s'impose. Reconnaître des groupes, certes fluides et conçus sur le modèle de la société ouverte et démocratique, pratiquer de façon avouée une politique d'équilibre entre ces groupes avec lesquels cet Etat pourrait avoir des relations plus apaisées, tel serait sans doute l'autre moyen de gestion de la crise. Mais cela supposerait que les républicains d'aujourd'hui fassent le geste qu'Eduard Bernstein réclamait des socialistes au début du XXe siècle, quand il les sommait d'oser apparaître comme ce qu'ils étaient : des réformistes.

Le titre de l'ouvrage, *La République et les antisémites*, ne doit pas prêter à confusion. Il faut préciser que par « République » n'est sûrement pas désigné ici ce qu'un courant crispé sur une vision de la République comme « démocratie forte », comme Eglise militante de la laïcité, rétif à toute conception procédurale de la démocratie considérée comme dissolvante et à toute ouverture à la pluralité, nous a habitué à mettre dans ce mot. Le paysage intellectuel s'est heureusement compliqué. La référence républicaine renvoie ici à un régime qui se définit par des valeurs — la civilité par exemple, ou la « non-domination » comme le suggère le philosophe Philip Pettit [1] — plutôt que par la souveraineté. Tout en récusant les oppositions trop tranchées entre République et démocratie, République et libéralisme (politique), on se placera résolument sous l'inspiration d'une République découplée

---

1. Dans *Républicanisme. Une théorie de la liberté et du gouvernement*, traduit de l'anglais par Patrick Savidan et Jean-Fabien Spitz, Paris, Gallimard, [1997] 2004.

de la nation (ou de l'appartenance nationale). Le monopole des « républicanistes » sur l'idée de République a fort heureusement éclaté [1]. Une reformulation des conditions dans lesquelles la République doit lutter contre l'antisémitisme en est d'autant plus urgente.

L'usage qui sera par ailleurs fait, dans les pages qui suivent, de notions héritées de la sociologie américaine, comme par exemple celle de « prophétie autoréalisatrice » (*self-fulfilling prophecy*) pourra choquer plus d'un spécialiste des sciences sociales. On sait que certaines notions scientifiquement dépassées jouissent d'une seconde vie dans l'opinion publique. Au point qu'on peut parfois faire fond sur leur popularité pour y trouver la preuve de leur obsolescence. Tout en étant conscient de ce risque, il faut en même temps admettre qu'en France, la sociologie de l'antisémitisme s'est fort peu développée, à quelques exceptions près. Elle

---

1. On renverra à trois ouvrages qui ont retravaillé profondément la notion de République : *Le Dictionnaire critique de la République*, Paris, Flammarion, 2002, dirigé par Vincent Duclert et Christophe Prochasson, *La République ou l'Europe*, ouvrage dirigé par Patrick Savidan, Paris, Le Livre de poche, 2004 et derechef *Républicanisme* de Philip Pettit, *op. cit.*

a fleuri au contraire dans l'immédiat après-guerre aux Etats-Unis, non seulement pour des raisons qui tiennent à la présence sur le sol américain de nombreux émigrés juifs, sociologues, anthropologues ou psychanalystes (à commencer par ceux qui formaient l'Institute for Social Research dirigé par Max Horkheimer) qui avaient connu les persécutions nazies, mais aussi aux études des sociologues américains (Gordon Allport, Talcott Parsons, Robert Merton) sur le préjugé (*prejudice*). L'intention n'est pas ici de faire de ce *corpus* l'alpha et l'oméga ni l'horizon indépassable de tout discours à objectif scientifique sur l'antisémitisme mais d'appeler les bonnes volontés à reprendre l'étude là où d'autres l'ont laissée. Sur ce point comme sur tant d'autres, la République a plus que jamais besoin de savants.

L'ANTISÉMITISME ACTUEL EST-IL VRAIMENT « NOUVEAU » [1] ?

La recrudescence en France et en Europe des agressions antisémites, verbales ou physiques, a, depuis l'éclatement de la « deuxième Intifada » à l'automne 2000, incontestablement mis en avant de nouveaux acteurs de la haine antijuive, nommément des agresseurs issus des banlieues ou de l'immigration, des victimes du racisme et de la discrimination qui s'adonnent, envers les Juifs, aux comportements contre lesquels ils sont en droit de se voir

---

[1]. Ce livre représente la version considérablement modifiée de trois conférences prononcées au Massachusetts Institute for Technology (MIT), à Dartmouth College, au Center for European Studies, et au département de littérature romane de l'Université de Harvard, du 29 février au 5 mars 2004 à l'invitation de Susan Rubin Suleiman, Suzan Berger, Stanley Hoffmann et Lawrence Kritzman. Qu'ils en soient ici remerciés. Une version antérieure de ce chapitre est parue dans le n° 2 de la revue *Raison publique*, Paris, Bayard, 2004, p. 92-117.

eux-mêmes protégés [1]. Du coup, certaines bonnes volontés s'estiment placées face à une sorte de conflit de devoir entre lutte contre le racisme et la xénophobie et guerre à la haine antijuive — le conflit israélo-palestinien rendant, à leurs yeux,

---

1. L'Union européenne au travers du rapport commandé par l'Observatoire de l'Union européenne pour les phénomènes racistes et antisémites (EUMC) a fini par en convenir avec moult réticences. Aujourd'hui les fauteurs d'incidents antijuifs ont pour beaucoup un « background » arabo-musulman, y est-il noté. Là n'était pas une des moindres raisons du retard mis à la publication dudit rapport. La première réunion préparatoire à laquelle l'auteur de ces lignes avait assisté à Bruxelles, avait au contraire tenté de coupler aux forceps l'antisémitisme avec l'islamophobie pour éviter de reconnaître cette évidence. Ce qui a incontestablement changé c'est le prisme à travers lequel le phénomène de la haine antijuive est perçu, au point qu'on peut parler de changement de paradigme. Alors que le négationnisme a été longtemps le vecteur principal de l'antisémitisme, celui-ci, pareil à ces insectes qui s'adaptent désespérément aux défoliants les plus sophistiqués, semble aujourd'hui s'être acclimaté à la mémoire de la Shoah. A condition de la retourner contre les Juifs du présent. Exemple parmi d'autres d'un tel retournement : les propos tenus par le président du Parti musulman de France, organisateur de la manifestation contre la loi proscrivant les signes ostensibles dans les établissements scolaires, le 17 janvier 2004. Celui-ci clamait sur le pavé parisien : « Nous sommes de vrais antisionistes. Comme nous combattons le nazisme [*sic*] nous combattons le sionisme. » Désormais, c'est l'antisionisme radicalisé ou « absolu », comme le dit Pierre-André Taguieff, qui paraît en passe de devenir l'idiome de l'antisémitisme. Voir sa *Nouvelle Judéophobie*, Fondation du 2 mars/Mille et une nuits, Paris, Fayard, janvier 2002. « C'est à travers une représentation du ''sionisme'' comme incarnation du mal absolu que s'est reconstituée une vision antijuive du monde dans la seconde moitié du XXᵉ siècle », écrit-il p. 12.

16

la situation au mieux indécidable. Faut-il en conclure comme certains que l'antisémitisme a désormais changé de camp et qu'il faille, pour l'appréhender, une sociologie nouvelle, un arsenal de concepts entièrement neufs, au point que le terme même d'« antisémitisme » devrait être déclaré hors d'usage et remplacé, par exemple, par celui de « judéophobie [1] » ?

Certes personne ne peut désormais limiter de bonne foi l'antisémitisme militant à la sphère de l'extrême droite (même si les accointances de certains milieux islamistes poussent des racines jusque-là). Du reste tel n'avait jamais été le cas. Mais en déduire que le phénomène est radicalement inouï et que son terreau se cantonne maintenant à la sphère d'influence de l'extrême gauche ou de l'islam radical, la première jouant le rôle d'« idiote utile » du second,

---

[1]. Ce terme remis à l'honneur par Pierre-André Taguieff a été forgé par le médecin Leo Pinsker, l'un des précurseurs du sionisme et du mouvement des Hovevei Tzion (amants de Sion). Voir son *Autoémancipation* (1882), dont des extraits sont cités dans *Sionismes. Textes fondamentaux*, réunis et présentés par Denis Charbit, Paris, Albin Michel, 1998, p. 41-46. Voir également à ce sujet ma préface à la réédition de *Psychanalyse de l'antisémitisme* de Rudolph Loewenstein, Paris, « Perspectives critiques », PUF, [1952], 2001, p. 3-49.

relève d'un réductionnisme qui ne permet pas de le penser à sa juste mesure. En revanche, un tel réductionnisme, qui fait trop souvent fi de l'historiographie, recouvre un enjeu politique.

Parmi les premiers à avoir tenté de penser l'antisémitisme avec les outils des sciences sociales, on compte les philosophes Adorno et Horkheimer qui conçurent et commentèrent une enquête de terrain dans la Californie des années 1940. Ils pensaient découvrir les potentialités fascistes qui se lovaient au sein même d'une société aussi libérale que les Etats-Unis. Ils définirent l'antisémitisme comme « la rumeur qui court sur les Juifs [1] » s'efforçant de le comprendre par la place que les Juifs occupaient dans les représentations des antisémites à partir du paradigme de la « personnalité autoritaire » et non à partir des faits et gestes des Juifs eux-mêmes. Adorno se demanda même si les Juifs n'étaient pas en train de prendre le rôle

---

1. Theodor Adorno, Max Horkheimer, *La Dialectique de la raison*, traduit par Eliane Kauholz, Paris, Tel, Gallimard, 1974. « Dans l'image du Juif que les racistes présentent au monde, ceux-ci expriment en fait leur propre nature », p. 177.

qui avait été dévolu au prolétariat, dans la structure d'un capitalisme en train d'amorcer sa transition entre une phase « libérale » et une phase « monopolistique » — auquel correspondait, selon eux, l'instauration du fascisme [1]. A l'époque du nationalisme sans frein, le Juif incarnait pour les antisémites le nomade rétif à l'autorité, un stade ancien du monde indûment conservé venu empêcher le gommage de l'histoire et la naturalisation du fait social (la « réification ») d'une société dont le fonctionnement se voulait de plus en plus organique. La poussée d'antisémitisme actuelle mérite que l'on repose la question dans des termes analogues. Quel est le rôle que le Juif joue dans le système du monde de l'antisémite au début du XXIe siècle, étant entendu que le préalable de toute

---

1. « Il me semble souvent que tout ce que nous étions habitués à considérer sous l'angle du prolétariat se serait aujourd'hui reporté sur les Juifs sous une forme épouvantablement concentrée. Je me demande si nous ne devrions pas [...] dire les choses que nous voulons dire [dans le projet qui aboutira à *Dialektik der Aufklärung*] en rapport avec les Juifs, qui représentent le pôle opposé à la concentration du pouvoir », écrit Adorno dans une lettre à Max Horkheimer datée d'août 1940 (citée dans la biographie que lui a consacrée Stefan Müller-Doohm, *Adorno*, traduite de l'allemand par Bernard Lortholary, Paris, Gallimard, [2003] 2004).

réflexion sur le sujet exige que soient rigoureusement découplés le comportement des Juifs réels et la formation de l'anti-sémitisme [1].

Figure du révolutionnaire avant guerre, le Juif cristallise désormais le ressentiment

[1]. Même après la guerre Adorno mettra au centre de ses analyses de l'antisémitisme non seulement la haine déclarée et militante mais ce qu'il nommera le « crypto-antisémitisme » devenu très vite l'idiome de l'antisémitisme dans l'Allemagne de la reconstruction, et pas seulement là. Le caractère détourné que prend l'antisémitisme – qui lui procure peut-être plus de puissance – est, selon Adorno écrivant au milieu des années 1950, « fonction de l'autorité qui se tient derrière l'interdiction de manifestations antisémites publiques. Mais qu'elles soient ainsi cachées recèle en soi de dangereuses potentialités ; les chuchotements, la rumeur (j'ai dit un jour que l'antisémitisme est la rumeur qui court sur les Juifs), l'opinion qui ne se déclare pas complètement, c'est là depuis toujours l'élément dans lequel des insatisfactions sociales de toutes sortes s'éveillent quand elles n'ont pas voix au chapitre dans un ordre social [...]. L'un des trucs favoris des antisémites d'aujourd'hui est de spéculer effectivement là-dessus : on se présente comme des persécutés ; on se comporte comme si, par le biais de l'opinion publique qui rend de nos jours impossibles des déclarations d'antisémitisme, l'antisémite était à vrai dire celui contre qui se tourne le dard de la société, tandis qu'en général ce sont bien des antisémites qui manient le dard de la société avec le plus de cruauté et de succès », « Zur Bekämpfung des Antisemitismus », cité dans la biographie de Stefan Müller-Doohm, *Adorno, op. cit.*, p. 583. Cette description reste parfaitement appropriée à la situation qui prévaut trois décennies après la mort du philosophe. Il est frappant de voir à quel point l'antisémite manie avant tout un discours de type victimaire, persécuté qu'il se croit par la « puissance juive » et qui, en outre, retourne à son avantage le statut de victime qui s'attache aux Juifs depuis le Génocide. Dans l'inversion de la figure victime/bourreau se révèle peut-être la structure même de l'antisémitisme contemporain.

20

que suscite auprès de ses adversaires le triomphe supposé du libéralisme, destructeur de frontières et de traditions, certes, mais au service d'un ordre implacable. Le Juif est érigé en symbole d'un Occident mondialisé, qui exerce ses sévices à travers le « turbocapitalisme ». Un « turbocapitalisme » contre lequel se soulèverait une « Intifada » mondialisée donnant par contrecoup un sens universel à la cause palestinienne. Cette nouvelle place assignée au Juif comme éponyme de la puissance néolibérale n'en continue pas moins à faire cohabiter des éléments contradictoires, celui-ci servant aussi bien à nommer l'impérialisme et l'arrogance du nouveau capitalisme que sa nature ravageuse. Le Juif reste le révolté *et* le dominant, le riche *et* le « chien crevé », le dominateur (des médias, de la finance) *et* l'outsider dont néanmoins la capacité à s'intégrer suscite une morbide jalousie, etc. Bref une figure démoniaque.

Toute recherche sérieuse sur l'antisémitisme doit se concentrer sur ce que le Juif symbolise aux yeux des antisémites, ou dont il est l'antitype. Or dans ce domaine aussi on relève une « exception française ». Car l'interprétation actuellement dominante tend à repérer dans le Juif de l'antisémite, la figure même de la République héritée de la Révolution française ébranlée par les coups de boutoir du mondialisme et du « communautarisme ». Ce que, selon cette lecture, les antisémites détesteraient dans « le Juif », c'est l'image même de la Nation émancipatrice, seul vecteur crédible, dit-on, de la démocratie après l'effondrement du fascisme et du communisme ! Comme si après avoir été les principales victimes du nationalisme débridé, les Juifs se voyaient gratifiés du douloureux privilège d'incarner la Nation à défendre. Cette construction théorique, qui gît au fond des ouvrages de Pierre-André Taguieff ou d'Alain Finkielkraut, suppose que soient minimisé ce qui dans l'antisémitisme continue à découler du nationalisme (dont la version *soft* a requis de forger le néologisme de « nationisme »). Si l'altermondialisme ou l'intégrisme islamique sont repérés par les penseurs néo-républicains comme les vecteurs les plus efficaces de la haine anti-juive, c'est — entend-on suggérer — parce que ces mouvements rejettent le cadre national et avec lui, le seul cadre pensable de la liberté [1]. Anti-« nationisme » et « nouvelle judéophobie » iraient donc de pair.

En ce sens, il reviendrait aux Juifs d'être fiers d'être les derniers des républicains comme dans l'Europe de l'Est on disait qu'ils furent les derniers Tchécoslovaques ou que, dans l'Allemagne de Weimar, ils fourbissaient les rangs des derniers sectateurs de Goethe, du libéralisme et des Lumières. Appelons cette lecture la conception républicaniste de l'antisémitisme. Elle permet surtout à ses tenants de se démarquer des altermondialistes dont ils partagent pourtant la

---

1. On ne peut pourtant pas exclure qu'il y ait des restes d'autochtonisme dans l'idéologie altermondialiste. Par exemple dans la méfiance à l'égard de la construction européenne, dans l'éloge d'un certain retour au protectionnisme, ou dans les sympathies secrètes que le tiers-mondisme de jadis dont cette idéologie est issue nourrit pour le nationalisme quand il est un acteur de la décolonisation. Sur les relations entre l'intégrisme islamiste et le nationalisme arabe, on consultera d'Emmanuel Sivan, *Mythes politiques arabes*, « Esprit de la cité », Paris, Fayard, 1998, traduit par N. Weill.

méfiance à l'égard de l'Amérique et de
la mondialisation libérale, mais dont
ils récusent l'internationalisme. Certains
néorépublicains cherchent, non sans que
les « altermondialistes » y prêtent parfois
le flanc, à mettre ceux-ci dans le même
sac que les islamistes. Comme l'évidence
des ruines accumulées par le nationalisme
ne rentre pas aisément dans ce décor-là,
on proclamera disparues — ou en baisse —
les sources proprement européennes de
l'antisémitisme, ce qui entraîne une
méfiance sans relâche à l'encontre de la
mémoire des crimes du nationalisme
(nazi, hongrois, roumain)[1]. Le présup-
posé sur lequel repose ce raisonnement est
le suivant : les manifestations actuelles de
la haine antijuive mettent en jeu des
forces de facture entièrement nouvelle,
d'une source radicalement différente de
celles qui sourdent de l'histoire de l'Europe. D'où la quête éperdue d'acteurs
« nouveaux » à l'antisémitisme.

Il n'est pas question de contester que les

---

[1]. La boucle est bouclée quand on va jusqu'à faire de la
mémoire de la Shoah non pas l'antidote mais l'aliment même
de l'antisémitisme.

acteurs ont effectivement changé ou se sont plutôt diversifiés. Mais les idiomes à travers lesquels ce « nouvel antisémitisme » s'exprime ressortissent tristement à un registre « classique » (incendies de synagogues, théorie du complot attribuant aux Juifs la responsabilité des attentats du 11 septembre, diabolisation, focalisation sur un supposé « goût du sang », notamment à travers les représentations du Premier ministre israélien dans les caricatures de la presse du monde arabe, etc. [1]). Si les soubresauts du conflit israélo-palestinien servent de prétexte aux débordements de violences antijuives, d'autres sources actives n'ayant aucune relation avec le Moyen-Orient sont à l'œuvre qui empêchent de voir dans ce conflit la *causa causans* de tous les incidents survenus depuis 2000 [2]. Ainsi à l'Est

---

1. Voir de Dan et Joël Kotek, *Au nom de l'antisionisme. L'image des Juifs et d'Israël dans la caricature depuis la seconde Intifada*, Bruxelles, Complexe, 2004.

2. Dans *France, prends garde à perdre ton âme. Fracture sociale et antisémitisme dans la République*, Paris, Mille et une nuits, Fayard, février 2004, Emmanuel Brenner émet l'hypothèse que l'antisémitisme et la ségrégation que les Juifs avaient eu à subir dans le Maghreb se seraient transplantés avec les immigrés venus de cette région-là lesquels auraient importé sur le sol français le mépris des Juifs et des dhimmis qui avaient cours dans les terres d'islam. On ne peut pas exclure cette interprétation mais l'on pourrait tout aussi bien montrer comment

de l'Europe la mémoire mal digérée du « socialisme réel » et de la collaboration des régimes et des administrations locales avec les nazis (en Hongrie, en Roumanie, en Croatie ou en Slovaquie), se conjugue-t-elle à un certain nationalisme pour redonner vie à la vieille figure du « judéo-bolchevisme » (les Juifs seuls responsables du communisme).

La difficulté à voir ou rendre visible un phénomène comme l'antisémitisme, aussi profond historiquement que volatil dans ses expressions sociales [1], tient aussi à ce que les instruments qui servent aujourd'hui à le mesurer se focalisent sur ses formes les plus brutales. Or, pour certains observateurs, la hausse des incidents, notés par

l'antisémitisme occidental s'est exporté en Orient, à l'occasion de l'affaire de crime rituel survenue à Damas en 1840 par exemple. De même qu'un Paul Berman, collaborateur de la revue *Dissent*, estime que l'intégrisme musulman est pénétré d'idéologie totalitaire européenne (pointant par exemple après d'autres l'influence de l'eugéniste français Alexis Carrel sur l'Égyptien Sayyid Qutub). Dans ce cas, l'antisémitisme serait un des enfants monstrueux de l'intégration (confondue ici avec l'immersion dans les préjugés les moins reluisants de la société d'accueil).

1. Sur la lenteur de la presse à appréhender la vague d'antisémitisme qui se déclenche à partir de l'an 2000, voir le chapitre suivant.

tous les indicateurs disponibles, n'implique pas forcément celle de l'antisémitisme dans toutes ses dimensions [1]. Emanant de groupes de plus en plus marginaux, rejetés hors du consensus social (néonazis, intégristes musulmans, etc.) l'antisémitisme le plus violent serait en hausse précisément parce que ces groupes n'auraient plus que la violence pour l'exprimer sans que cela reflète *ipso facto* une radicalisation de la société dans son ensemble ni que cela implique qu'une plus grande partie de la population y adhère, au contraire.

Autre nuance : la comparaison de la vague actuelle avec les années 1930. En laissant de côté l'aspect quantitatif et les différences d'intensité (pour l'heure rien de semblable à la *Kristallnacht* de novembre 1938), deux différences essentielles opposent cette époque, qui certes précède la Shoah mais qu'on ne peut relire exclusivement à travers ce qui s'est passé ensuite, et la nôtre. La première est qu'il semble

---

1. Telle fut l'opinion du Britannique Anthony Lerman, ancien directeur du Jewish Policy Research de Londres lors de la conférence sur l'antisémitisme organisée par la Heinrich Böll Stiftung, le 30 janvier 2004.

aujourd'hui impossible de revenir, au moins légalement, sur l'émancipation des Juifs comme cela pouvait apparaître encore faisable il y a plus de soixante ans, en un temps où cette émancipation avait dans certaines parties du continent moins d'un siècle — et comme ce fut effectivement fait avant même la Seconde Guerre mondiale (par la mise en place de la législation antijuive en Allemagne mais également en Hongrie ou en Roumanie). Deuxièmement, il existe aujourd'hui, sur un mode encore imparfait, un réseau d'observation du phénomène qui pratique de façon plus systématique que dans les années 1930 le *monitoring*, c'est-à-dire le repérage et le comptage des incidents. On dispose en outre maintenant d'un *corpus* sociologique, historique et philosophique sur le sujet [1] même s'il est mal connu en France et demeure mal traité par l'Université.

S'il convient donc de se méfier des comparaisons, il est toutefois bon d'inquié-

---

1. Voir le rapport de l'institut Stephen Roth de l'université de Tel Aviv (Israël), daté du 22 avril 2004, « Antisemitism Worldwide 2003/4. General Analysis » (http ://www.tau.ac.il/AntiSemitism/asw2003-4/general-analysis.htm).

ter les certitudes toutes faites qui tendent à confondre le réengendrement d'un phénomène social avec sa radicale nouveauté. Un point de vue raisonnablement comparatiste permettrait par exemple de nuancer l'affirmation selon laquelle l'actuelle vague d'antisémitisme serait la plus grave depuis la Libération. On note à juste titre que l'atmosphère qui entoure les Juifs actuellement en Europe, si elle s'est dégradée, n'a tout de même rien à voir avec celle qui prévalait dans l'immédiat après-guerre ou même dans les années 1950. Le quasi-antisémitisme d'Etat pratiqué alors par les pays du bloc communiste a disparu corps et biens avec le « socialisme réel » et les pogroms meurtriers (comme celui de Kielce en 1946) ne se sont pas reproduits sur le Vieux Continent. L'observation de l'antisémitisme sur la longue durée, impossible à pratiquer dès lors que l'on fait de celui-ci un événement chaque fois nouveau, permet d'autre part de constater que celui-ci ne progresse ni ne régresse selon une ligne au tracé continu, mais selon une droite brisée, en dents de scie. Une période de calme relatif peut donner l'apparence d'une quasi-disparition succédant à des pointes. A condition que l'on néglige l'existence d'un noyau dur que révèlent toutes les enquêtes d'opinion, même les plus optimistes. Les « pics » sont, il est vrai, de plus en plus élevés depuis les années 1990, ce qui justifie que l'on parle de hausse tendancielle. Mais cette constatation ne concerne que les actes enregistrés (donc par définition les plus spectaculaires). Pour l'heure, toute crête de la vague a été suivie d'une retombée et aucun processus de « radicalisation cumulative » n'est observable. Enfin, l'hétérogénéité, moins de l'antisémitisme que des représentations qui suscitent ses résurgences en Europe, doit amener à la constatation suivante : tandis qu'à l'Ouest on rend les Juifs collectivement responsables de ce que d'autres Juifs font aux Palestiniens, à l'Est, on se considère victime *directe* de ce que les Juifs sont censés avoir « fait » à l'époque de la dictature communiste.

Ces réserves doivent être prises en compte dès lors qu'on s'efforce d'avoir une appréciation équilibrée de la situation. Pour autant, les données doivent aussi éviter que l'on se rassure à bon compte. En effet, ce sur quoi butent encore les études, c'est sur l'éva-luation d'un climat (par exemple en milieu scolaire). On peut mesurer la zone d'ombre qui entoure tout incident en fonction du principe que toute agression déclarée (en général à la police ou aux communautés juives) en dissimulerait plusieurs qui ne le seraient pas. Mais remonter ainsi la filière des actes répertoriés s'avère bien insuffisant pour parvenir à un tableau complet. Le *monitoring* en l'état ne prend en compte que l'antisémitisme actif se traduisant en menaces ou en brutalités. Or, l'absence de réaction, la passivité de l'opinion publique, des médias, des pouvoirs publics constituent elles aussi un facteur déterminant pour la compréhension des vagues antisémites. Pour ne prendre que le cas français, il est clair que le taux de réactivité (qui ne fait du reste l'objet d'aucune mesure) a sans doute bien plus spectaculairement baissé que n'a aug-menté le nombre des antisémites [1]. Que la

---

[1]. L'auteur a essayé de retracer cette évolution dans son *His-toire personnelle de l'antisémitisme*, Paris, Robert Laffont, 2003. La comparaison entre les grandes manifestations popu-laires de protestation qu'avaient entraînées l'attentat de Coper-nic en 1980 et la profanation du cimetière juif de Carpentras dix ans plus tard et l'absence de mobilisation populaire à la fin

République les tolère ou les supporte trop longtemps en son sein, tel devrait être au fond le problème le plus préoccupant pour les antiracistes d'aujourd'hui, qui semblent tomber sous le coup du célèbre reproche adressé par Sartre aux démocrates dans ses *Réflexions sur la question juive*, d'être de piètres défenseurs des Juifs, eux dont la mollesse contraste avec le fanatisme des antisémites.

L'une des raisons de cette apathie tient au refus de reconnaître l'antisémitisme pour ce qu'il est. A cet égard, l'attention tardive sur la Shoah dans les années 1980-90, louable en soi, a indéniablement renforcé cet aveuglement. Elle a orienté l'attention sur l'antisémitisme d'Etat qui au temps de Vichy a conduit les Juifs à la mort sociale et/ou réelle et négligé celui de la rue. Tout se passe comme si dès lors qu'il n'y aurait pas de fichier juif, de convois ni de camps de la mort en perspective il n'y aurait plus d'antisémitisme identifiable ! La cristallisation sur l'antisé-

---

des années 1990 est flagrante et souvent notée. Elle renforce dans la communauté juive le sentiment d'abandon.

mitisme d'Etat a fini par rendre moins lisible celui de la société (même si les études sur la Shoah se sont tournées elles aussi dans cette direction-là).

Beaucoup se refusent d'ailleurs à percevoir la pluralité des manifestations de la haine antijuive et s'obstinent à lui chercher toujours une cause ou un cadre unique. Qu'il y ait un antisémitisme arabo-musulman particulièrement virulent, que celui-ci soit à l'occasion toléré par une certaine extrême gauche souvent passive — ou fascinée — devant son extrémisme voire insuffisamment combattu par une gauche gouvernementale ici ou là soucieuse de ne « pas désespérer Billancourt », c'est un fait. L'accueil lors du Forum social européen, en novembre 2003, réservé par les adversaires de la mondialisation libérale au prêcheur islamique, Tariq Ramadan, alors que celui-ci venait de fustiger sur Internet les intellectuels qui soutenaient Israël pour des raisons « communautaires » (la critique du « communautarisme » servant en l'occurrence de masque à une considération antijuive des plus « communautaristes »), n'en est qu'un des épisodes, qui succède aux incidents survenus dans les manifestations contre l'intervention américaine en Irak au cours desquelles de jeunes militants du mouvement sioniste de gauche, la Shomer Hatzaïr, ont été molestés.

Mais ces manifestations n'ont pas fait disparaître le négationnisme ou le révisionnisme et d'autres formes d'antisémitisme arc-bouté sur l'histoire européenne et qui continuent à prospérer. Les Robert Faurisson, David Irving et consorts nous avaient habitués à la négation de la Shoah. Le nouveau révisionnisme siffle cette fois un air différent. Oui, le Génocide a bel et bien eu lieu, dit-il. Mais après tout, les Juifs l'ont bien cherché (à cause de leur responsabilité dans le déclenchement de la violence première : la révolution bolchevique) ! L'image du tchékiste juif en manteau de cuir vient équilibrer celle de l'enfant du ghetto de Varsovie. Encore une fois, l'existence de cette rhétorique-là suffit à réfuter la théorie réductionniste d'une haine antijuive désormais mondialisée radicalement nouvelle qui se serait coupée de ses sources continentales [1].

Si l'antisémitisme « européen » n'a pas disparu ce n'est donc pas seulement dans la mesure où ses formes supposées « traditionnelles » perdurent à côté des remous provoqués par les divers épisodes de l'affrontement israélo-palestinien. C'est aussi parce qu'il est possible de repérer entre les époques et les continents un processus de « transfert culturel » des idiomes antijuifs. Cet arsenal-là, loin de se renouveler de fond en comble en chacune de ses manifestations passe, au contraire, en se transformant d'une époque à l'autre. On peut risquer l'hypothèse que la nature communicationnelle des mythes antijuifs constitue l'un des traits les plus caractéristiques de l'antisémitisme. Pour ne pas prêter le flanc à l'accusation d'anhistoricisme, nous nous appuierons plus tard sur la conception de l'égyptologue allemand Jan Assmann, en affirmant à partir de ses ouvrages qu'il existe, sinon une essence, du

---

1. Nicolas Weill, *Histoire personnelle, op. cit.*, chapitre V, « Un mythe renaissant, le judéo-bolchevisme ».

moins quelque chose comme une « mémoire culturelle » qui conserve et transmet à travers les âges la syntaxe comme le vocabulaire de l'antisémitisme – et peut-être chez les victimes, les traumatismes qu'ils engendrent – et qu'il n'y a jamais d'antisémitisme véritablement nouveau. Même si le secret de cette transmission demeure encore à percer [1].

L'urgence que s'instaure un débat à caractère scientifique sur la nature de l'antisémitisme c'est la situation sur le terrain qui la dicte. Depuis la fin des années 1990 en effet les statistiques montrent toutes que la violence antisémite l'emporte toujours en nombre sur les incidents et les menaces racistes et xénophobes. A quoi il convient d'ajouter que la population visée par l'antisémitisme est bien plus restreinte que les victimes potentielles du racisme et

---

1. On peut se contenter de dire que ce passage des mythes antisémites d'un contexte à un autre s'opère bien sur le mode de la transmission et non sur celui de la tradition au sens où cette dernière définit un ensemble de textes et de règles qui sont par essence transmissibles. La nature communicationnelle des idiomes de l'antisémitisme demeure largement à étudier sur les pas de Klaus Holz, *Nationaler Antisemitismus*, Hambourg, Hamburger Edition, 2001.

de la xénophobie. Les premières sont donc proportionnellement plus exposées. Le contraste est frappant entre cet état de fait et la léthargie de la recherche, le quasi-silence de l'Université et l'absence d'études pluridisciplinaires sur ce thème. Le travail savant reste encore trop souvent le fait de quelques isolés. Dans ce désert, surnagent quelques noms de pionniers comme l'historien Jules Isaac [1] ou Léon Poliakov (1910-1997), auteur au début des années 1950 d'une monumentale *Histoire de l'antisémitisme* (Calmann-Lévy) toujours à relire. Rappelons encore celui de Pierre-André Taguieff, déjà nommé, mais aussi celui moins connu d'Yves Chevalier, rare sociologue à avoir tenté dans un ouvrage de 1992 [2] une théorie générale du phénomène à partir de la figure du « bouc émissaire » (dans l'esprit de René Girard). Depuis la crise de l'automne 2000, on parle certes de plus en plus d'antisémitisme en France. Mais le phénomène demeure étudié avec réticence par les spécialistes des sciences

---

1. *L'Enseignement du mépris* [1962] a été réédité par les éditions Grasset en 2004.

2. *L'Anti-sémitisme*, Cerf.

sociales qui peinent à le comprendre dans sa profondeur historique, évitent de réfléchir sur sa « longue durée » et ne contribuent guère à l'amélioration des instruments nécessaires à le mesurer et à le combattre. Rien n'existe par exemple au sein de l'Université française qui soit comparable à des centres ou des laboratoires de recherches sur le modèle de l'International Center for the Study of Antisemitism-Vidal Sassoon de l'Université hébraïque de Jérusalem ou du Zentrum für Antisemitismusforschung abrité par la Technische Universität de Berlin. Est-ce cette situation qui contribue à empêcher que la nature antijuive d'un événement soit d'emblée reconnue et nommée pour ce qu'elle est ? Le problème n'est pas nouveau. Quand Edgar Morin publia en 1969 sa fameuse enquête sur la rumeur d'Orléans (des commerçants juifs de la ville avaient été soupçonnés d'enlever des jeunes clientes pour les expédier dans des réseaux de prostitution), il s'était déjà trouvé un des sociologues de son équipe pour contester le caractère antijuif de

l'événement [1]. Cela se reproduit pratiquement à chaque occurrence du phénomène.
Ainsi l'explosion de l'automne 2000
a-t-elle été imputée d'abord à la pure et
simple délinquance ou à des problèmes de
sécurité dans les quartiers réputés difficiles. Le « sociologisme » qui explique,
pour ne pas dire excuse, les incidents antijuifs par la « frustration » des banlieues ou
par une colère dévoyée représente la version atténuée de cette tendance de fond qui
consiste à *ne pas voir*. Comme si le caractère extrême pris par la persécution des
Juifs au XXe siècle avait fini par rendre
l'opinion myope voire aveugle à tout antisémitisme qui ne se coule pas peu ou prou
dans le modèle de l'« éliminationnisme »
nazi... Derechef, dès lors que journalistes,
politiques et chercheurs ne sont plus en
mesure de l'identifier que sous sa forme
des années 1930 et 1940 et dès lors qu'il
n'y a pas de Génocide programmé par un
Etat criminel, il n'y a pas antisémitisme !

Cet aveuglement relatif (car les médias
ont fini tout de même par « en » parler et

---

1. *La Rumeur d'Orléans*, Paris, Seuil, 1969.

les pouvoirs publics par agir) doit peut-être l'une de ses origines au long et spectaculaire procès de Maurice Papon (d'octobre 1997 à avril 1998) lequel n'a pas peu contribué à porter le faisceau exclusivement sur l'antisémitisme d'Etat [1]. Toute nécessaire qu'elle ait été, cette liturgie judiciaire a aussi rendu les observateurs moins aptes à saisir une hostilité aux Juifs qui semblait partir cette fois de certains éléments de la société civile et non plus de l'appareil politico-administratif. Or la caractéristique de la vague actuelle c'est bien qu'elle naît de la société et non plus de l'Etat qui entend avec plus ou moins d'énergie s'y opposer [2]. Faut-il en déduire que seul l'Etat républicain est le rempart des Juifs contre une société de plus en plus

---

1. Là encore voir *Une Histoire personnelle...*, *op. cit.*, chapitre IV, p. 141 à 178.

2. Hannah Arendt avait salué ce qu'elle pensait être les réactions françaises devant la vague de déportation de l'été 1942 en estimant que désormais l'antisémitisme social avait cédé la place à l'antisémitisme d'Etat. *Vor Antisemitismus istman nur noch auf dem Monde sicher*, textes rassemblés par Marie Luise Knott, Munich/Zürich, Piper, 2000, par exemple dans *Was geht in Frankreich vor ?*, p. 90 à 93, 25 septembre 1942. La tendance actuelle, si l'on admet un tel diagnostic dont l'optimisme laisse quand même perplexe, serait à l'inversion. Nous serions en train de vivre le retour d'un antisémitisme issu de la société.

hostile ? Un rempart certes parfois fragile, réticent contre cette renaissance de l'« antisémitisme social », mais un rempart ? Les institutions juives — le Crif en tête — paraissent vouloir s'en contenter, renonçant par avance à rétablir le dialogue avec des pans entiers de la société considérés comme perdus. Au lieu de se révolter contre la trahison du pacte d'émancipation, elles débordent de protestations de foi républicaine ou laïque. Au risque là encore de s'accrocher à un modèle périmé de République et de nation et de céder au syndrome déjà évoqué du dernier des Mohicans ou des Tchécoslovaques.

Revenons au relatif état de friche en matière de recherche sur l'antisémitisme. Celui-ci a ceci de préjudiciable qu'il favorise les situations de monopole théorique. Ainsi, certaines hypothèses avancées en France pour expliquer la présente poussée de fièvre prêteraient au moins à discussion sinon à réfutation. A commencer par celle qui veut que le foyer de l'antisémitisme européen soit en voie d'extinction. Car elle recouvre, chez ceux qui la soutiennent, une idéologie cherchant à exonérer l'Etat nation républicain de tout soupçon, barrière qu'il est contre un communautarisme détesté. D'autres entendent délester la culture et la civilisation européennes voire occidentales du poids de culpabilité qui fut la sienne dans le développement de la fureur génocidaire au XXe siècle, en minimisant l'antisémitisme qui s'enracine dans ce sol-là. Les valeurs de l'Occident, considérées comme un patrimoine à défendre à tout prix contre la menace que feraient peser sur lui les nouvelles barbaries du « politiquement correct » ou du « différentialisme », devraient même être protégées des effets corrosifs du souvenir de la Shoah ! Avec la guerre déclarée à la mémoire, c'est plutôt un autre glas qui sonne : celui de la figure de l'« intellectuel d'opposition critique » tel qu'un philosophe comme Adorno l'avait incarné dans l'Allemagne de l'après-guerre, qui liait indéfectiblement le souvenir du passé criminel aux progrès de la démocratie [1]. En

____

1. Adorno estimait ainsi que, sans réel travail sur le passé, l'adhésion des Allemands d'après guerre n'était que de pure forme. La démocratie, disait-il en 1959, était acceptée à l'aune de ses succès économiques, mais pouvait devenir un régime interchangeable en cas d'échec : elle n'était donc perçue que comme une manifestation de puissance comme une autre. « Was bedeu-

2004, l'idéologie néorépublicaine, et plus encore le « souverainisme », qui avait eu un certain succès dans les années 1990, ont certes perdu de leur impact. Mais ces passions françaises pour « l'exception française » ont laissé des traces [1] !

Peut-être les discussions savantes consti-

tet : Aufarbeitung der Vergangenheit », *in* Theodor Adorno, *Kulturkritik und Gesellschaft* II (vol. 10.2 des œuvres complètes), Francfort, Suhrkamp, 1977, p. 555 à 572. « Que signifie repenser le passé ? », *in Modèles critiques. Interventions. Répliques*, traduit de l'allemand par Marc Jimenez et Eliane Kaufholz, Paris, Payot, 1984.

1. Un groupe d'intellectuels a ainsi cru bon de mettre au premier plan dans les causes du malaise actuel des Juifs de France... une mémoire de la Shoah supposée excessive. Leur tribune publiée dans *le Monde* du 30 décembre 2003 sous le titre « Les juifs et la France, une confiance à rétablir » a été signée par le grand rabbin Gilles Bernheim, Élisabeth de Fontenay, Philippe De Lara, Alain Finkielkraut, Philippe Raynaud, Paul Thibaud et Michel Zaoui. Leur rhétorique est dominée par le trope de l'« effet pervers ». Ayant cru bon de pointer que la Shoah « barre aux peuples d'Europe toute espérance historique et les enferme dans le remords », les auteurs ajoutent que dans ces conditions « que les Palestiniens soient représentés comme les victimes par excellence parce que victimes des Juifs, est donc plus qu'un égarement médiatique, c'est la logique d'une vision du monde qui réduit le judaïsme à l'extermination et l'extermination à représenter le comble du mal ». En dépit des excès de mémoire bien réels – on se souvient de l'« affaire Wilkomirski » (ce clarinettiste suisse qui s'était approprié une identité d'enfant survivant des camps d'extermination) – on peut persister à penser que la pédagogie mémorielle peut avoir, au contraire, des effets positifs sur l'amélioration démocratique et civique et qu'il convient de réfléchir à deux fois avant de décider que l'on peut s'en passer... pour que les Juifs se sentent mieux en France !

tuent-elles le meilleur reflet des obstacles idéologiques qui empêchent les sociétés démocratiques de comprendre, combattre et éradiquer cette haine dont les conséquences sont si néfastes qu'elles paraissent tant hésiter à la regarder en face ?

Un regard sur la recherche montre que l'antisémitisme, loin d'être nouveau à chacune de ses manifestations, se présente au contraire comme un ensemble de mythes qui se transmettent avec une étonnante souplesse d'un contexte (spatial, temporel) à un autre. Tel est le cas de l'accusation de crime rituel et de goût du sang prêté aux Juifs du Moyen Age. Ces calomnies avaient pris leur essor à la faveur de la diffusion du dogme sur la présence réelle du corps et du sang du Christ. Le goût supposé des Juifs pour la profanation d'hostie venait en quelque sorte confirmer le dogme. Or elles survivent curieusement à l'épuisement dudit dogme, à la Réforme et au passage de la transsubstantiation à la consubstantiation chez Luther [1]. De même la théo-

---

1. C'est cet attachement de Luther à la « substantiation » qui pourrait bien constituer une des explications à l'antisémitisme violent de Luther. Merci à Pierre Caye de m'avoir suggéré cette piste.

rie du complot juif dont on fait parfois la marque de fabrique de l'antisémitisme moderne, est attestée dès l'Antiquité...

On peut à partir de là diviser le champ des études sur l'antisémitisme en deux courants principaux : celui des partisans des « transferts culturels » et celui des « contextualistes ». Les premiers, sans adhérer à une théorie mystique de l'éternité de l'antisémitisme, s'efforcent de penser l'unité ou la récurrence du phénomène à travers les âges. A l'inverse, les « contextualistes » plaident pour une stricte inscription des incidents antijuifs dans leur environnement conjoncturel sans que le poids principal de l'explication porte sur la transmission et implique une réflexion sur l'origine ou la longue durée du phénomène. Inutile de préciser que ces deux approches ne sont pas forcément exclusives l'une de l'autre. Elles constituent une polarité et non des écoles réellement constituées.

Les historiens « contextualistes » s'érigent souvent en briseurs de tabous d'une historiographie de l'antisémitisme qu'ils jugent dominée par la croyance en l'éternité de la haine antijuive ou trop axée sur l'événement paroxystique de la Shoah. Ils s'efforcent de déplacer les frontières qu'ils estiment traditionnelles et remportent par-fois dans ce domaine sensible des succès de scandales. Ainsi Israël Jacob Yuval [1], un médiéviste israélien, n'a-t-il pas hésité à rapporter l'origine de la calomnie de crime rituel à une perception déformée de la martyrologie juive par l'environnement chrétien, laquelle se serait développée à la suite des massacres de la vallée du Rhin en 1096, à l'occasion de la première Croisade. C'est donc un « messianisme vengeur », censé être la caractéristique du judaïsme ashkénaze, qui aurait nourri la peur et les mythes de l'entourage chrétien des communautés juives. Toutefois, Yuval n'en inscrit pas moins l'antisémitisme dans la longue durée d'une compétition entre judaïsme et christianisme qu'il considère du reste comme deux religions sœurs,

---

1. *Shnei Goyim bevitn'ekh*, Tel Aviv, Am 'Oved, 2000, ouvrage né à la suite d'une vigoureuse polémique menée dans la revue *Zyon*.

issues pratiquement à la même époque d'un tronc commun biblique [1].

Un autre historien que l'on peut ranger dans la catégorie des contextualistes, David Nirenberg, partant d'une étude sur les violences contre les minorités, les Juifs et les lépreux, en France et dans le royaume d'Aragon au XIVe siècle, prétend aussi contester la lecture « téléologique » qui croit possible d'établir une « continuité entre les haines du passé et celle du présent », dérive découlant selon lui d'une histoire de l'antisémitisme trop centrée sur le Génocide. Nirenberg entend substituer à cette lecture sa propre interprétation des violences médiévales en termes de « stratégie des acteurs » et de gestion des minorités (les Juifs sont assimilés au pouvoir royal dont quelques-uns ont la charge de récolter les impôts) selon un paradigme qui se place sous l'inspiration de Foucault et de Bourdieu [2].

---

1. On lira avec profit dans la même veine le livre de Daniel Boyarin, *Mourir pour Dieu. L'invention du martyre aux origines du judaïsme et du christianisme*, traduit de l'anglais par Jean-François Sené, Paris, Bayard, 2004.

2. *Violence et minorité au Moyen Age*, de David Nirenberg, traduit de l'anglais par Nicole Genet, Paris, PUF, 2002.

Appliquée à l'histoire contemporaine, et notamment à celle du Génocide, l'approche contextualiste a été particulièrement sollicitée par le succès du livre de Daniel Goldhagen, *Hitler's Willing Executioners*[1] qui attribuait la responsabilité du Génocide à une tradition d'antisémitisme « éliminationniste » particulièrement développée en Allemagne. Par effet de ricochet, de nombreux chercheurs ont essayé de relever le défi. Ils ont, contre cette entreprise jugée « culturaliste », tenté de sauver l'explication de l'antisémitisme par le contexte en braquant le projecteur sur le facteur déclenchant de l'antisémitisme plutôt que sur la question des origines. Un sociologue de l'université de Pittsburgh (Etats-Unis), William Burstein, a ainsi proposé[2], dans le but affirmé de réfuter le livre de Goldhagen, une grille d'analyse sociologique de l'antisémitisme européen avant la Shoah. Il répartit les discours antijuifs en quatre caté-

---

1. Daniel Jonah Goldhagen, *Les Bourreaux volontaires de Hitler. Les Allemands ordinaires et l'Holocauste*, traduit de l'anglais (Etats-Unis) par Pierre Martin, Paris, Seuil, 1997 [1996].

2. *Roots of Hate. AntiSemitism in Europe before the Holocaust*, Cambridge, Cambridge University Press, 2003.

gories : 1) le discours religieux ; 2) le discours raciste ; 3) l'antisémitisme sans Juifs : l'anticapitalisme ; 4) l'antisémitisme politique qui assimile les Juifs à la subversion. Seule une combinaison conjoncturelle de ces quatre éléments fait, selon lui, que le niveau de l'antisémitisme atteint un seuil critique potentiellement génocidaire. La recherche doit donc porter sur le ou les *ferments* qui transportent les potentialités de l'antisémitisme dans la réalité sociale. Dans les années 1930, le catalyseur aurait été, pense-t-il, l'immigration juive en provenance de l'Est de l'Europe et l'équivalence qui se serait créée dans les esprits entre les Juifs et le marxisme. Un tel schéma peut, selon Burstein, parfaitement s'appliquer à la situation d'autres groupes minoritaires. Par exemple, aux musulmans dans l'Europe d'aujourd'hui. Par-là même il conteste la spécificité culturelle et historique de la haine antijuive.

Un dernier exemple d'historiographie contextualiste nous est fourni par le petit essai de Philippe Burrin [1]. L'historien suisse

---

1. *Ressentiment et apocalypse. Essai sur l'antisémitisme nazi*, Paris, Seuil, 2004.

distingue également plusieurs facteurs structurels susceptibles d'avoir alimenté en Allemagne un potentiel antisémite : I) un élément de type national (le caractère relativement récent de l'Etat allemand renforçant l'aspiration à former une communauté ethniquement homogène) ; 2) un élément de type religieux : celui d'un christianisme imprégnant le nationalisme pangermanique susceptible de transformer ce nationalisme en une apocalypse sans sotériologie ni eschatologie ; 3) le poids de la culture autoritaire en Allemagne alourdissant le caractère traumatique de la perte de puissance de l'Allemagne après 1918. C'est la combinaison de ces trois éléments qui aurait rendu, selon lui, de moins en moins supportable la perception de la différence juive. Mais la transformation de ce climat en processus de mise à mort a également besoin de son détonateur. Philippe Burrin croit pouvoir le déceler *via* une longue glose du célèbre discours prononcé par Adolf Hitler, le 30 janvier 1939, dans lequel le Führer annonce qu'une guerre aura pour signification la fin du judaïsme en Europe. Le chancelier allemand se réfère, à en croire Philippe Burrin, au « traumatisme de 1918 », l'effondrement étant rapporté aux intrigues et au défaitisme des Juifs. De même que ceux-ci sont accusés d'avoir mis fin à l'Allemagne en tant que puissance, de même leur puissance en Europe doit voir son terme à l'occasion de ce deuxième conflit mondial.

Le contextualisme renvoie en réalité à une structure épistémologique simple. Un certain nombre de facteurs propices à créer un terreau mais insuffisants à rendre compte de la haine antisémite active elle-même, sont définis au préalable. Mais pour qu'ils passent de la puissance à l'acte – dans un schéma somme toute très classique et très aristotélicien – il est besoin d'un « déclic » d'un « détonateur » (*trigger*), d'un « catalyseur » qui provoque la montée en puissance ou la radicalisation de la haine latente : de forts mouvements migratoires, un Hitler faisant des Juifs l'envers négatif de l'identité aryenne et cherchant la revanche du « coup de poignard dans le dos » de 1918, le messianisme vengeur censé être propre à la théologie ashkénaze ou la prise en charge par les Juifs de la collecte

des impôts : la liste n'est pas close... Aujour-
d'hui, certains voient dans le conflit israélo-
palestinien le nœud coulant de l'antisémitisme. On concédera que ce cadre explicatif
permet d'en comprendre l'émergence, la
radicalisation ou la résurgence à telle ou
telle époque donnée. Pour autant, ce modèle
reste captif d'un schéma à causalité unique
— même si cette cause porte sur l'élément
contingent (qui, derechef, est censé assurer
le passage de la puissance à l'acte). Il n'en
postule pas moins cela même qu'il est
construit pour réfuter : la présence d'éléments de permanence existant, au moins à
l'état latent, désignant à l'avance les Juifs
comme victimes. Comme si l'émergence de
tendances historiques longues ne pouvant
être évitée en matière d'antisémitisme, il
fallait la neutraliser en lui conférant un statut virtuel. Mais ne faut-il pas que ce legs
« existe en quelque façon » ? En outre la
virtualité ou la latence des éléments d'antisémitisme, que le « catalyseur » fait parvenir à la réalité, restent mystérieuses. Il est
plus simple, en rappelant une nouvelle fois
que les courbes de l'antisémitisme suivent
une figure en dents de scie, et que les

niveaux les plus bas n'équivalent pas à un évanouissement du phénomène, de conclure que si celui-ci baisse régulièrement, il ne disparaît pas. Pas plus qu'il ne se métamorphose, par magie, en un être latent ou potentiel à la définition ontologique bizarre. Plus simplement, l'antisémitisme se trouve parfois à plus basses eaux, et c'est d'ailleurs dans ces périodes qu'il est particulièrement intéressant à étudier et non seulement en temps de crise aiguë. L'analyse contextualiste laisse donc en suspens un élément central qu'elle ne se donne pas les moyens d'élucider et qui plaide en faveur d'un retour, certes critique, à une conception plus transhistorique.

Postuler qu'il existe des transferts culturels ne signifie pas, répétons-le, accorder du crédit à la théorie de l'éternité de l'antisémitisme. Plus modestement, cela suppose qu'il soit concevable que les idiomes et mythes antijuifs soient importés d'une époque à l'autre. Tel nous paraît être l'apport de l'égyptologue allemand Jan Assmann [1] qui consacre dans ses deux

---

1. Jan Assmann, *Moïse l'Egyptien. Un essai d'histoire de la mémoire* (*Moses der Ägypter. Entzifferung einer Gedächtnisspur*), traduit de l'allemand par Laure Bernardi, Paris, Aubier,

derniers ouvrages des développements à l'origine de l'antisémitisme. Pour Assmann, cette haine advient au monde comme une réaction à ce qu'il appelle la « différence mosaïque ». Cette expression recouvre la véritable révolution en quoi aurait consisté dans le monde antique l'introduction par le monothéisme biblique d'une opposition entre vraie et fausse religions, entre foi véritable et idolâtrie. En cela, pense-t-il, réside le véritable coup de force de l'Ecriture. Bien loin d'inventer le monothéisme (Assmann estime que la théologie égyptienne comporte déjà quelques éléments d'une théorie d'un « dieu caché » ou unique) ou de répudier le polythéisme (bel et bien présent, dit-il, dans la littérature biblique), l'innovation principale de la Bible résiderait dans l'instauration de la différence (la référence à la philosophie de Derrida est ici explicite [1]).

[1998], 2001. *Die Mosaische Unterscheidung oder der Preis des Monotheismus*, Munich, Vienne, Edition Akzente Hanser, 2003.

1. Les derniers ouvrages de Jan Assmann s'incrivent dans un dialogue sur le *Moïse* de Freud, et la question de la relation au judaïsme du fondateur de la psychanalyse. Cette discussion a été inaugurée au début des années 1990 par l'historien Yosef Hayim Yerushalmi, avec *Le Moïse de Freud. Judaïsme terminable et interminable*, traduit de l'anglais (Etats-Unis) par Jac-

Certes, prend-il soin de préciser, la
« différence mosaïque » n'introduit pas
toute la haine dans le monde mais une *certaine forme* de haine induisant une réaction violente de la part de ceux qu'elle
exclut de la sphère du « vrai », en l'occurrence ceux que la Bible transforme en idolâtres. Assmann propose pour sortir de la
nomenclature mise en place par le Livre
saint de renoncer à l'expression « polythéisme » pour qualifier les religions — en
particulier les religions égyptiennes —
contre lesquelles s'édifie le monothéisme
biblique et lui substitue le terme de « cosmothéisme ». Le cosmothéisme s'oppose au
monothéisme biblique moins sur la question de l'unité ou de la pluralité des dieux,
que parce qu'il conçoit la présence divine
comme *immanente* au monde, alors que la
logique de la différence biblique renvoie
Dieu à une *transcendance* absolue. Dans
cette conception, le type particulier de
haine qui fonde l'antisémitisme s'expliquerait par une réaction cosmothéiste à l'ex-

---

queline Carnaud, Paris, Gallimard, 1993, relayé et contesté par
l'essai de Jacques Derrida, *Mal d'archive. Une impression freudienne*, Paris, Galilée, 1995.

clusion prononcée par le monothéisme biblique. La question demeure de savoir ce qui radicalise une telle réaction. Par sa réponse, Assmann réussit à démentir le flot de critiques que sa thèse lui a valu en « collant » à l'axiome qui veut que l'on n'explique pas l'antisémitisme par les faits et gestes des Juifs eux-mêmes. Car, pour certains, l'égyptologue, en dépeignant la violence antisémite comme violence seconde, avait franchi la limite. Si le sur-gissement de l'antisémitisme dans l'Egypte antique est une réaction, son excep-tionnelle virulence n'est nullement à rechercher dans le contenu ni dans le comportement des Hébreux — leur « intolé-rance », leur « nuque raide » ou les bruta-lités décrites dans le livre de Josué [1] — mais, soutient-il, dans la mémoire encryp-tée de la révolution amarnienne et le déchaînement iconoclaste qui l'a accom-

---

[1]. Sur le « néomarcionisme » (le rejet de l'Ancien Testament au nom du pacifisme, des droits de l'homme, de l'antiracisme voire de l'aversion pour tout récit de type « génocidaire » accompagné d'une volonté de réécrire ou recomposer la Bible) on se reportera à l'analyse de l'« affaire Abbé Pierre/Garaudy » dans *Une histoire personnelle de l'antisémitisme*, *op. cit.*, p. 119 à 122.

pagnée (en particulier, note-t-il, l'interdiction des processions fort populaires
dans l'Egypte ancienne). Une brutalité
consciemment vécue puis refoulée que la
différence mosaïque aurait, en quelque
sorte ravivée. Dans *Moïse l'Egyptien*,
dans *Das kulturelle Gedächtnis* et plus
encore dans son dernier ouvrage, Jan Assmann restitue l'histoire de la mémoire
culturelle à travers laquelle s'est conservé
et transmis l'impact de la violence anti-
iconoclaste.

Rend-on raison ainsi de tous les événements qui parsèment la très longue histoire de l'antisémitisme, en particulier de
l'antisémitisme chrétien et surtout de
l'antisémitisme islamique ? Cela reste à
démontrer. La contribution d'Assmann
n'en est pas moins essentielle, en ce qu'elle
introduit dans l'histoire de l'antisémitisme
une réflexion sur la mémoire. La critique
des mythes, c'est-à-dire la confrontation
des récits et des souvenirs avec les preuves
fournies par les sources et l'archéologie, ne
constitue pas son objet, même si celles-ci
peuvent être fournies à l'occasion. Car
pour Jan Assmann la « vérité » d'une trace

mémorielle tient autant sinon plus à la persistance de son « actualité » qu'à sa coïncidence avec les faits historiques.

La critique de la position contextualiste que l'on peut opérer à partir de ce genre de construction ne se limite pas à un débat épistémologique. Car le contextualisme, dont le lointain ancêtre théorique est peut-être à situer dans la thèse de la coupure radicale entre modernité et Ancien Régime fait également écho à une attitude et une réaction politiques. Par à-coups successifs, la conception de l'« antisémitisme nouveau » en est venue à avoir une fonction déculpabilisante.

Qu'un tel mécanisme soit à l'œuvre transparaît par exemple dans les propos que le philosophe allemand, Peter Sloterdijk, tient devant Alain Finkielkraut [1] : « On découvre, dit-il, une nouvelle qualité de judéophobie n'ayant plus rien à voir avec l'épisode raciste du refus du Juif que notre tradition a mené jusqu'à des sommets incroyables. Il me semble aussi que

---

1. Alain Finkielkraut, Peter Sloterdijk, *Les Battements du monde. Dialogue*, Paris, Pauvert, 2003, p. 29.

l'antisémitisme style XIXe siècle, l'antisémitisme classique si j'ose dire, est un chapitre plus ou moins clos. Aujourd'hui, à partir de notre poste d'observation, nous nous trouvons face à une nouvelle dimension d'hostilité qu'un observateur pourrait décrire de la façon suivante : c'est la première fois que l'antipathie à l'égard des Juifs ne peut plus simplement être expliquée par les processus intérieurs de celui qui projette toutes les misères de son existence sur un fantôme. De nos jours et pour la première fois, l'antisémitisme, si l'on accepte encore ce terme, n'est pas un antisémitisme sans Juifs. » Comme si dans le paysage fantastique de l'antisémite la figure de l'Israélien prenait selon l'auteur de *Règles pour le parc humain* quelques traits réalistes et fournissait ce fameux « *fundamentum in re* » qu'un autre philosophe et historien allemand, Ernst Nolte, trouve aux griefs des nazis sur le « judéobochevisme ». Comme si finalement le Juif acteur de l'histoire donnait au « nouvel » antisémite quelques bonnes raisons de se plaindre ! Remarquons que la thématique de la puissance juive, dont l'avatar est ici la figure de l'Israélien, n'est pas non plus si nouvelle que cela. Mais sans nous attarder, on constatera aussi que ce genre d'échafaudage théorique renforce la difficulté à percevoir la réalité de l'antisémitisme pour ce qu'il est : une haine léguée par les âges dont le secret n'est sûrement pas extérieur à une Europe et qui est loin d'être un phénomène résiduel sur le Vieux Continent, la splendeur de l'Etat-nation à l'européenne dût-elle en être écornée. Si les incidents et les menaces sont aujourd'hui majoritairement le fait de personnes originaires du monde arabo-musulman, en revanche, la difficulté manifestée par la société française, et notamment par sa presse, thème du chapitre suivant, à admettre l'existence de l'antisémitisme en son sein, renvoie, elle, bel et bien à l'héritage de l'antisémitisme « classique ».

Globalement, cette difficulté cause le désespoir qui est celui d'une partie des Juifs de France. Devant les réticences qu'ils sentent dans la société à combattre l'antisémitisme — cela après plus de dix ans de sensibilisation à la Shoah —, ceux-ci finissent par juger la cause perdue et par se lover dans la posture que Yosef Hayim Yerushalmi définit comme l'attitude traditionnelle des communautés juives [1] : essayer de trouver le salut auprès de l'Etat, contre une société et ses corps intermédiaires jugés irrémédiablement hostiles. Quand certains ne vont pas, comme on l'a vu, jusqu'à chercher dans les abus de mémoire de la Shoah la cause prochaine du malaise présent des Juifs de France ! Tout, en définitive, plutôt que d'explorer les voies de réconciliation avec la société ! On pourrait qualifier de « statisme » l'idée que l'Etat (en l'occurrence l'Etat-nation républicain) est le seul à même d'opposer une barrière au déferlement de la haine antijuive. Réduire l'antisémitisme actuel à un effet de contexte découlant du conflit du Moyen-Orient, d'une Sainte Alliance de l'islam radical et de la gauche altermondialiste sans prendre en compte le poids de l'histoire paraît rendre impossible la mise

---

1. « Serviteurs des rois et non serviteurs des serviteurs. Sur quelques aspects de l'histoire politique juive », *Raisons politiques*, août 2002, Presses de Sciences-Po, traduit de l'anglais par Eric Vigne.

en place nécessaire de contre-feux que ni
la répression, ni la législation ne sont à
même d'assurer. Extérioriser ainsi la cause
de l'antisémitisme (l'islam et l'extrême
gauche) cela ne revient-il pas finalement à
empêcher de percevoir ce qui se noue de
l'antisémitisme classique dans ses manifestations nouvelles ? A commencer par l'essentiel peut-être : ce qui lui confère sa
violence.

CHAPITRE DEUXIÈME

UNE NOUVELLE « PARESSE DU CŒUR » ?

L'écrivain allemand Jakob Wasser-mann, auteur d'un cri de désespoir et de colère contre une Allemagne dont il se vou-lait partie prenante mais dont il sentait les Juifs de plus en plus rejetés [1], a décrit, en 1921, le processus d'inquiétante étrangeté qui transformait déjà par mille et un déta-chements subtils l'hôte émancipé depuis peu en paria. Il a montré l'endurcissement progressif de ses contemporains de l'ère wilhelminienne et du début de la Répu-blique de Weimar, envers un prochain qu'ils rendaient de plus en plus étranger. L'expression qu'il a utilisée, dès 1908, pour désigner cette fermeture est celle de

---

1. *Mein Weg als Deutscher und Jude* (*Mon chemin comme Allemand et comme Juif*), Munich Deutscher Taschenbuch Ver-lag, 1999. Voir également *Kaspar Hauser ou la paresse du cœur*, traduit par Romana Altdorf, Paris, « Les Cahiers rou-ges », Grasset, [1924], 1992.

« paresse du cœur » (*Trägheit des Herzens*), qui sert de sous-titre à son livre sur l'enfant mystérieux Kaspar Hauser (par ailleurs sujet d'un film célèbre de Werner Herzog). L'apathie hostile face au malheur de cet enfant inconnu, surgi dans le confort Biedermeier des villes et des bourgades, représente une sorte de paradigme de la mise à distance des Juifs de son temps.

De fait, avec une thématique analogue, Adorno note, une trentaine d'années plus tard, dans ses contributions aux études sur la personnalité autoritaire, qu'un des premiers symptômes du fascisme consiste en l'affaiblissement du sens de l'hospitalité. Quand une société, fût-elle démocratique, ne s'interroge plus sur les limites ni les défauts de sa propre capacité d'accueil à autrui mais projette, au contraire, sur l'étranger la responsabilité de l'échec de cet accueil, les signaux d'alarme sont au rouge. Telle est encore la morale du premier film d'Elia Kazan, *Gentlemen's Agreement (Le Mur invisible)* qui raconte les mésaventures d'un journaliste se faisant passer pour Juif dans le New York de la fin des années 1940 pour les besoins d'un reportage (le lien avec les études sur la personnalité autoritaire menées à la même époque est saisissant). Confronté aux réactions que suscite sa nouvelle identité, le reporter s'aperçoit des voies les plus étroites d'une exclusion qui finit par venir de la femme même qu'il aime, à l'heure où certains hôtels, clubs et universités demeurent portes closes devant les Juifs.

Un demi-siècle après, la société française, où l'antisémitisme est redevenu un problème brûlant, souffre-t-elle du même syndrome ? Moins que les synagogues incendiées, que les enfants juifs qu'on insulte ou moleste dans les écoles et les lycées, moins que les cimetières que l'on profane, c'est l'inaction des « autres » face à la haine active qui constitue une préoccupation pour la démocratie et le véritable phénomène de masse. N'est-ce pas au fond l'indifférence qui métamorphose le zèle de quelques fanatiques en problème social [1] ?

---

1. Telle était du reste la conclusion à laquelle parvenait Ian Kershaw dans son étude sur l'opinion publique en Bavière sous le IIIe Reich : les chemins qui mènent à Auschwitz, concluait-il, sont pavés d'indifférence. *L'Opinion allemande sous le nazisme. Bavière 1933-1945 ?* de Ian Kershaw, traduit de l'an-

Beaucoup ont voulu en trouver la trace dans la lenteur avec laquelle les élites politiques et médiatiques ont accepté de prendre en compte les vagues d'incidents survenus depuis l'automne 2000. La question des réactions permet de cerner non pas tant la haine qui mine la République, que l'amoindrissement des résistances à la discrimination sociale active ou passive. Il y a eu à l'évidence un malaise qui a obscurci la perception de l'événement. Un malaise qui découle peut-être du lien indéfectible entre haine antijuive et haine de soi. Tant il est vrai que l'antisémitisme désigne la détestation du proche, voire du tout proche, contrairement au racisme ou à la xénophobie qui sont avant tout rejets de la différence. C'est sa proximité qui rend l'antisémitisme moins visible.

Parler de « paresse du cœur » dans ce cas-là, suppose qu'on mette dans le mot « paresse » bien plus que le terme d'« indolence », de relâchement ou d'apathie, par lequel on traduit généralement le mot

---

glais par Pierre-Emmanuel Dauzat, Paris, coll. « Histoire du XXe siècle », CNRS Editions, 1995.

Trägheit. Quand les journalistes et les pouvoirs publics sont accusés d'immobilisme face au sort des Juifs en France, c'est une maladie sociale que l'on pointe et non de simples négligences. Comme si les responsables se retrouvaient sidérés face à la tête de Méduse de la haine antijuive ! La paralysie comme maladie sociale s'avère un des ressorts majeurs pour comprendre non seulement les ratés des médias – il y en a toujours – mais la forme très particulière que prend un certain aveuglement face à l'antisémitisme dans les sociétés européennes d'aujourd'hui. Pour la saisir, il n'est pas nécessaire de recourir à l'hypothèse, gant retourné de la théorie du complot, d'une quelconque « conspiration du silence [1] ».

----

1. Dans *Histoire personnelle de l'antisémitisme*, avait été étudié comment montait tout au long des années 1990 une indifférence au sort passé des Juifs et une certaine fermeture aux récits de leurs souffrances passées, et ce bien avant le tournant du 29 septembre 2000 et le déclenchement de la « deuxième Intifada ». Au travers de plusieurs affaires on tentait de montrer comment la société semblait tolérer de mieux en mieux les dérives diverses en la matière. Ainsi les débordements pronégationnistes de l'abbé Pierre ne lui ont finalement valu que quelques semaines voire quelques mois de silence médiatique, avant que le plus populaire des Français ne reprenne sa place, la première, dans les cotes de popularité ! Bien avant le déclenchement de la « deuxième Intifada » on pouvait constater que

Analysant la situation de l'Allemagne à la fin du XIXe siècle, et cherchant à étudier le climat qui précéda la floraison des premiers partis antisémites, l'historienne israélienne Shulamit Volkov avait noté qu'un seuil avait été franchi dès lors que l'antisémitisme se mettait à fonctionner comme un « code culturel ». Autrement dit quand le mal qu'on pense et qu'on dit des Juifs devenait une sorte d'équivalent universel à toutes sortes de rejets ou de révoltes dont les Juifs avaient le malheur d'être pris pour symbole [1]. Cent ans plus tard, il semble que ce soit l'antisionisme qui remplisse désormais la fonction d'idiome pour la souffrance et le ressentiment. D'où la renaissance d'un « antisémitisme social » comparable, à bien des égards, à celui de la fin du XIXe siècle, époque de désémancipation. S'affirmer sio-

___

l'antisémitisme bénéficiait d'une sorte de quasi-impunité, voire même de faveur perverse. Telle serait aussi la leçon de l'affaire Renaud Camus, cet écrivain qui avait constaté le grand nombre de collaborateurs d'origine juive dans une émission de France Culture, et pour lequel Alain Finkielkraut avait pris fait et cause.

1. « Antisemitismus als kultureller Code », in *Jüdisches Leben und Antisemitismus im 19. und 20. Jahrhundert*, Munich, Beck, 1990.

niste ou même pro-israélien semble en effet être passé insensiblement dans la catégorie des opinions illégitimes voire inavouables, ayant à peu près le même statut que le vote pour l'extrême droite. De fait, aucune voix juive ne peut plus se faire vraiment entendre sans que soit exigée d'elle une condamnation rituelle de la politique de « Sharon », quand ce n'est pas de tout autre gouvernement israélien. Comme si les Juifs étaient assignés à reconnaître à toute force que là résidait la source de tous les maux y compris des leurs ! Ce tribut politique joue le rôle que Heine assignait jadis à la conversion, celui de « ticket d'entrée » pour l'espace public, comme on exigeait des Juifs des serments *more judaico* [1] ?

Un tel climat décourage les critiques politiques d'Israël émanant de la gauche restée sioniste. Car ces critiques reviennent finalement à hurler avec les loups.

---

[1]. Le serment *more judaico* était imposé aux Juifs, dont on soupçonnait *a priori* la bonne foi, qui se présentaient devant les tribunaux. Cette mesure discriminatoire qui survécut même à l'émancipation révolutionnaire ne fut abolie qu'en 1844 par la Cour de cassation.

Ceux qui se refusent à retenir l'expression publique de leurs réserves vis-à-vis de la politique d'Israël ou qui renoncent à une certaine forme d'éthique de la responsabilité consistant en l'occurrence à ne pas transformer une scène extérieure en champ clos d'intérêts proche-orientaux (lesquels se décident de toute manière sur d'autres terrains), ceux-là ont beau afficher à tout bout de champ leur « courage », le caractère « dérangeant » de leur propos (qui pourtant se coule dans le moule du consensus le plus large) — leur audace n'est souvent telle qu'à proportion du fantasme qu'ils contribuent à entretenir sur la « puissance juive » qu'ils prétendent défier... De là le fait paradoxal que quiconque critique Israël et les Israéliens dans la société d'aujourd'hui peut recevoir à peu de frais le label de progressiste sans pour autant se couper d'un large consensus social. Être antisioniste, partager les objectifs ou la rhétorique du nationalisme arabo-palestinien, a acquis cette vertu de ranger comme par magie dans le « bon » camp, celui des damnés de la terre ou des dominés. Or il n'est pas douteux que cette alchimie-là emprunte beaucoup en le réactualisant au vieil antisémitisme de gauche qui considérait les Juifs comme l'incarnation même des bourgeois, dont Marx s'est fait le chantre dans la *Question juive*. Un antisémitisme qui pouvait réconcilier les nostalgiques de la vieille France catholique et monarchique comme Edouard Drumont et les socialistes disciples de Proudhon ou de Fourier. Avec l'Affaire Dreyfus, et le choix tardif qu'avaient fait les socialistes de mettre en veilleuse leurs lectures de classe et d'entrer en guerre pour la vérité et la justice, une alliance entre la gauche et la minorité juive fut scellée que les années de Vichy écornèrent sans la faire disparaître. C'est cette alliance que l'inaction reprochée à la gauche de 2000 à 2002 dissout lentement.

Pris dans ces contradictions, les partisans du camp de la paix, attachés à l'existence d'Israël comme au projet sioniste, quoique favorables à des concessions, sont pris en tenailles et de plus en plus réduits au silence. Mais il y a plus grave encore. La présence obsessionnelle du conflit au Moyen-Orient sur la scène française fait de la lutte contre l'antisémitisme une lutte sous condition (que les Juifs se désolidarisent d'Israël) et non plus une simple question de principe. L'effet induit est le suivant : alors qu'il constitue en réalité une forme de défense de la République et des républicains, le combat contre la haine est insidieusement asservi au comportement des minorités juives sommées de se tenir comme l'air du temps l'exige si elles veulent être protégées. L'antisémitisme se voit peu à peu reconnecté avec le comportement des Juifs (ou des Israéliens), ce qui constitue une formidable régression et diminue les réflexes de rejet du préjugé potentiellement mortifère. Dès lors qu'on parle, comme on l'a vu au chapitre précédent, d'« antisémitisme avec les Juifs » (les actions des Israéliens étant censées rejaillir sur l'ensemble des Juifs du monde), le foyer de l'explication du mal se déplace sur les victimes. La « coupure épistémologique » en quoi avait consisté le découplage de la formation de l'antisémitisme et des faits et gestes des Juifs eux-mêmes — point de départ indépassable de toute étude sérieuse du sujet — se retrouve abolie

comme si à nouveau le problème des démocrates n'était plus celui des antisémites,
comme le notait Sartre en son temps, mais
une sorte de nouvelle « question juive ».

Le geste épistémologique de Sartre avait
pourtant permis de sortir du cercle vicieux
de la « prophétie autoréalisatrice » (ou
« créatrice ») (*self-fulfilling prophecy*)
qui demeure à ce jour l'un des modèles
utiles pour penser le mécanisme de l'antisémitisme. Le sociologue américain Robert
Merton le définit à partir de ce qu'il
appelle le THÉORÈME DE THOMAS [1] : « Si les
hommes définissent des situations comme
réelles, elles sont réelles dans leurs conséquences », écrit-il. La définition d'une
situation finit par devenir un élément de
la situation elle-même, une fausse appréciation du réel crée une réalité. Ainsi,
constate Merton, les qualités que l'on prête

---

1. « Self-Fulfilling Prophecy » [1948], reproduit dans
Robert K. Merton, *On Social Structure and Science*, édité par
Piotr Sztompza, Chicago, The University of Chicago Press,
1996, p. 183 à 201. W. Thomas était le doyen des sociologues
américains et il formula ce « théorème » en 1928 dans un
ouvrage sur l'enfance coécrit avec Dorothy Swaine Thomas,
ibid., p. 183, note 1. *Eléments de théorie et de méthode sociolo-
giques*, Paris, Armand Colin, 1997.

aux groupes dominants (*in-groups*) deviennent des vices dès lors que ces qualités sont le fait de groupes minoritaires (*out-groups*). Dans un pays comme les Etats-Unis, particulièrement sensible à la réussite individuelle de personnalités sorties du rang (comme le président Abraham Lincoln en fournit le paradigme), les succès de membres du groupe majoritaire seront objet de louanges. Par contre le même cursus d'un Juif ou d'un Noir suscitera de la méfiance et pourra même être rapporté à un désir de conquête ou de sabotage. Ainsi, dit Merton, les prouesses sexuelles vantées chez les chefs des tribus des îles Trobriand sont-elles un objet de scandale quand elles sont le fait de leurs sujets. Conclusion : le comportement et le discours que ce comportement provoque sont totalement hétérogènes. En effet, dans les deux cas, les faits et gestes sont les mêmes, seule la lecture change. Ce qui diffère c'est non seulement l'interprétation mais les conséquences que cette interprétation tronquée de comportements identiques a sur la vie sociale des individus ainsi discriminés et également sur leur psychologie. Merton donne en exemple la tendance à l'autoglorification des moindres succès obtenus par des éléments de groupes minoritaires dans la presse noire de son temps. Ayant un accès rendu plus difficile dans le monde du travail par le racisme ambiant, qui sévissait à l'époque dans les syndicats, les Noirs avaient du coup tendance à rentrer dans les usines à la faveur des vides provoqués par les arrêts de travail et donc à devenir ces « briseurs de grève » que les syndicalistes leur reprochaient d'être. S'agissant des Juifs, note-t-il encore, le mythe de la supériorité aryenne, intenable scientifiquement, a été retourné en peur de la menace d'une soi-disant supériorité juive. En résumé, les réponses des membres du *out-group* peuvent être de deux ordres : affirmation et repli sur soi [1]. Cette alchimie qui transmute la peur des uns en réalité sociale des autres engendre par conséquent un cycle infernal que seule une réponse ins-

---

1. « En dépit des apparences superficielles, les préjugés et la discrimination dirigée contre le groupe dominé (*out-group*), ne sont pas la résultante de ce que ce groupe fait, mais sont enracinés profondément dans la structure de notre société et la psychologie sociale de ses membres », conclut Merton. *Ibid.*, p. 191.

titutionnelle peut briser, pense Merton. La fatalité qui fait dire que le lien entre représentation et réalité sociale est de l'ordre du nécessaire demeure toutefois un leurre. Ce cycle peut être parfaitement brisé si la société et ses institutions dénoncent justement le caractère arbitraire des représentations. En effet les conséquences de ces représentations dans le tissu social leur donnent une apparence prophétique qu'il convient de désassembler en rapportant l'antisémitisme à ses véritables causes et non en accordant une quelconque créance à tout ou partie de l'imaginaire antisémite [1].

Le paradigme de la « prophétie auto-réalisatrice » a été repris par certains sociologues, notamment par Shmuel Trigano, animateur de l'*Observatoire du monde juif*, à l'intelligence de la situation des Juifs dans la France des années 1980-1990. Ce dernier voit dans l'actuelle montée de l'antisémitisme la conséquence de

---

1. Tel était l'enjeu souterrain du débat suscité par les derniers livres d'Ernst Nolte qui prétendait trouver un « *fundamentum in re* » dans l'idée que les Juifs avaient une part active aux malheurs apportés par le communisme.

l'image que les pouvoirs publics et les élites françaises auraient voulu proposer à l'immigration arabo-maghrébine de la communauté juive comme d'un exemple d'intégration réussi. Cette intégration ayant tardé, une partie de l'immigration aurait tourné sa rancœur non vers les vrais responsables — la société française et ses blocages — mais contre le modèle. L'effet aurait été double : outre le déclenchement des violences antijuives, cette instrumentalisation des Juifs aurait fait régresser ceux-ci à un niveau antérieur de leur intégration. Au nom d'un « nomadisme » fréquemment perçu en bonne part par les « élites post-modernes », les Juifs se seraient vus, pense-t-il, réassignés à un statut d'immigrés qu'ils avaient perdu depuis des lustres ! Cette maladresse républicaine les aurait placés *de facto* dans un processus de désémancipation et de recommunautarisation face auquel ils ne pouvaient opposer que les deux réponses définies par Merton : affirmation ou repli. Nous pensons que ce comportement de la République a des racines plus profondes que le contexte des années 1980 et que les mécanismes d'assignation communautaire étaient en place dès l'époque napoléonienne, comme on le verra dans le chapitre suivant.

Filant la métaphore sociologique Shmuel Trigano [1] soutient qu'un certain nombre d'intellectuels qui en rajoutent sur la critique d'Israël et du sionisme ont en réalité, comme le décrit Merton, intériorisé les représentations négatives du groupe dominant (*in-group*). L'usage de ce modèle lui permet ainsi de fustiger ces « autres voix juives » qui ont colonnes ouvertes dans la presse de gauche et se démarquent publiquement des slogans ou de la *Weltanschauung* communautaires [2]. Pour Trigano, le cas de ces intellectuels relève

---

1. Dans *Observatoire du monde juif*, n° 2, « Le récit journalistique et la prophétie autoréalisatrice », p. 19 et suivantes.
2. Parmi ses cibles favorites, l'ex-président du Crif, l'avocat Theo Klein, qui au nom du refus d'une culture de la souffrance et du malheur chez les Juifs est accusé de minimiser l'importance de la vague d'antisémitisme en considérant que l'interprétation en termes de délinquance n'est pas à écarter d'un revers de la main. Autre cible : un groupe d'intellectuels juifs dénonçant l'usage fait de l'antisémitisme pour délégitimer à l'avance toute critique d'Israël. Voir l'ouvrage collectif intitulé *Antisémitisme : l'intolérable chantage. Israël-Palestine, une affaire française ?*, La Découverte, Paris, 2003. Avec des contributions d'Etienne Balibar, Rony Brauman, Judith Butler, Sylvain Cypel, Eric Hazan, Daniel Lindenberg, Marc Saint-Upéry, Denis Sieffert, Michel Warschawski.

d'un réflexe d'autodéfense très particulier, d'un « syndrome » visant — peut-être pour mieux s'en démarquer — à se protéger personnellement en amplifiant les défauts d'une collectivité juive accusée en bloc. Inutile de préciser que ce vocabulaire sophistiqué ne recouvre ni plus ni moins que l'accusation de traîtrise, et sert à ranger ceux qui en sont affectés dans la litanie de ces convertis qui s'ingéniaient à décrier leur communauté d'origine pour mieux se fondre dans la communauté d'accueil (depuis le moine Theobald qui joue son rôle dans la première affaire connue de crime rituel au XIIᵉ siècle, celle du petit William de Norwich, en passant par l'apostat Donin, procureur du Talmud en 1240). Une accusation de ce type vise, comme l'a remarqué Judith Butler [1], à tétaniser à l'avance toute critique en faisant de leurs auteurs des « collaborateurs des antisémites » voire des *Judenräte* (les Juifs que les Allemands avaient désignés pour administrer les ghettos et les commu-

---

1. Dans *Antisémitisme. L'intolérable chantage, op. cit.*, p. 100.

nautés pendant la Seconde Guerre mondiale). Ici s'arrêtent discussion et analyse et commence la polémique sous-tendue par une douteuse logique d'anathème.

Une autre explication de la nouvelle « paresse du cœur » est renvoyée au phénomène popularisé par l'expression de « concurrence des victimes ». Plutôt que de bouleverser ses certitudes antiracistes, la gauche française alors au pouvoir qui aurait dû être à la pointe de la lutte contre ce fléau aurait commencé par refuser de *nommer* l'événement pour ce qu'il était. Face au surgissement d'acteurs « issus de l'immigration » la mémoire de la décolonisation aurait anesthésié la perception des Juifs en état de souffrance — la couverture frénétique et orientée des événements du Moyen-Orient ayant accoutumé lecteurs et téléspectateurs à assimiler automatiquement l'Israélien à l'oppresseur. Tout se passe comme si dans l'esprit des observateurs, un effet de concurrence pour la place d'opprimé était venu brouiller la perception de l'antisémitisme. Parce que celui-ci aurait dérangé le confort intellectuel qui accole systématiquement le signe — on oserait dire le stigmate — de victime sur l'immigré, le « Beur » ou le musulman. Ajoutons que la fragmentation communautaire entre moins aisément dans les schémas d'une sociologie de la domination en vogue chez les jeunes étudiants en sciences politiques et les futurs journalistes (une doxa inspirée de Bourdieu tenant effectivement lieu de vision du monde dans l'esprit d'une part non négligeable de la jeunesse des universités). L'incompréhension des journalistes aurait finalement conforté l'inertie des pouvoirs publics, lesquels ont d'abord tenté de désosser le phénomène en le noyant dans la délinquance ordinaire. Elle aurait créé un climat dans lequel les Juifs se seraient sentis abandonnés ou mal défendus face à une société en partie hostile et à un Etat déficient.

La profondeur de ce sentiment d'abandon se mesure moins au filet de départ en direction d'Israël et de l'Amérique du Nord (qui reste de faible proportion) qu'à l'incroyable succès du film *Décryptage* de Jacques Tarnero et Philippe Bensoussan. Un documentaire qui a été vu par des dizaines de milliers de spectateurs au cours de projections se métamorphosant en véritable *happening*, où l'on dénonçait sans nuances l'hostilité prêtée aux médias à Israël et aux Juifs (en revenant par exemple sur l'exploitation télévisuelle des images de la fusillade ayant abouti à la mort du petit Mohamed Al-Doura, souvent invoquées comme le détonateur des violences de l'automne 2000).

Quoi qu'il en soit de la réalité de ce tableau, que de nombreux Juifs de France acceptent en leur créance, on peut formuler les changements qui ont altéré la perception de l'antisémitisme et la volonté de lutter contre lui [1] de la façon suivante : depuis 1982 une guerre massive est en cours pour la conquête de l'opinion publique. L'image globalement positive quoiqu'un peu artificielle que les Européens avaient formée d'Israël s'est progressivement défaite. Aujourd'hui le Juif israélien ce n'est plus le *kibboutznik* cher à la gauche française des années 1960 mais un mixte de mercenaire arrogant, de virtuose du chantage moral et

---

1. Ce tableau doit beaucoup à l'article de l'écrivain Leon De Winter, « Altes Gift im neuen Europe », *Die Zeit*, 11 décembre 2003 dont la description correspond à ce que pense l'auteur de ces lignes.

de finasserie. Les mythes antijuifs refoulés après la Seconde Guerre mondiale refleurissent, après avoir été entretenus dans le monde arabe comme dans un conservatoire. A la suite de l'invasion israélienne du Liban en 1982 et surtout après les massacres de Sabra et Chatila (commis par les milices chrétiennes mais sans que les forces israéliennes soient intervenues pour les stopper), le besoin compulsif de voir dans les Juifs des bourreaux et non plus des victimes a reçu un élan décisif. S'il y a un point commun entre les diverses manifestations présentes de la haine antijuive, il se situe sans doute dans cette passion de l'inversion de la victime en bourreau. D'où procède en partie le caractère obsessionnel du suivi de l'actualité moyen-orientale en Europe et particulièrement en France, éclipsant tous les autres conflits, multipliant les images et les récits de guerre. D'où aussi l'étonnante intériorisation de ce déchirement qui exagère la centralité d'un conflit somme toute régional menaçant bien moins la paix du Vieux Continent que celui des Balkans et d'où surtout l'exagération de la dangerosité d'Israël.

Si de nombreux éléments de ce réquisitoire sonnent juste, il comporte aussi ses faiblesses et ses non-dits. Ainsi, ceux qui fustigent le « silence » des médias sur l'antisémitisme, sont souvent les mêmes qui plaident pour la thèse qui veut que l'actuelle vague nous mettrait en présence d'un phénomène de nature radicalement *nouvelle*. Pour eux, les seuls acteurs du *nouvel* antisémitisme sont des immigrés dotés d'un « background » arabo-musulman. Leurs débordements seraient tolérés par une culture de l'excuse et une indulgence sociologisante reclassant à basses eaux le défunt tiers-mondisme. Pour éviter de remettre en question la thèse de la « nouvelle judéophobie » qui transforme l'antisémitisme en produit importé on invoque un air du temps anticapitaliste ou altermondialiste faisant de l'axe « américano-sioniste » l'ennemi absolu. Sur le mode de la pensée mécaniste, il faudrait conclure de la mondialisation à la globalisation de l'antisémitisme quand ce qui est à l'œuvre, c'est le goût des explications monocausales dissimulant des enjeux idéologiques dont certains ont été évoqués dans le chapitre précédent. En attribuant à l'antisémitisme actuel une seule et même origine (une alliance tactique « islamo-progressiste »), on s'assure en tout cas que la République et la Nation au sens traditionnel du terme seront *a contrario* désignées comme les remparts les plus solides contre la déferlante. Ce qui est plus facile et plus rassurant que de chercher à comprendre les réticences ou les faiblesses de l'une comme de l'autre à s'y opposer.

Ce raisonnement bute quand même sur un fait : les groupes qui interprètent le fondamentalisme islamique comme révolte anti-impérialiste restent rares même si on en trouve à l'extrême gauche. La surévaluation de phénomènes encore heureusement marginaux ou partiels revient à confondre le manque de vigilance et l'osmose pure et simple avec le discours de la haine. Les dérives et les personnalités équivoques existent, assurément. Mais il faut les prendre pour ce qu'elles sont : des dérives, frappées d'un défaut de vigilance ou de générosité, et non la preuve d'une « ligne générale ». Ce que l'on peut en revanche noter c'est qu'une certaine culture de gauche renâcle devant la lecture ethnique des crises, et qu'elle peine à sortir de sa vision « classiste ». On sait pourtant que penser l'antisémitisme requiert justement de sortir des paradigmes économistes : c'est en acceptant de franchir un tel pas que la gauche française avait, il y a cent ans, fini par rejoindre le camp dreyfusard. On peut soutenir qu'à ce jour la gauche et l'extrême gauche ont encore à refaire ce chemin. Elles ne le pourront qu'en acceptant de découpler la scène politique française du conflit israélo-palestinien.

Plus préoccupant que la culture idéologique des élites est l'impact de moins en moins efficace de la mémoire de la Shoah. Des années de rappel public du Génocide et de pédagogie n'auraient-elles abouti qu'à former une jeunesse mithridatisée contre toute émotion susceptible de venir de ce côté-là ? Si une partie des nouvelles générations se montre bien plus sensibilisée au problème, mais sans trop savoir comment traduire son indignation, l'autre, plus redoutable, semble au contraire être ressortie de la série des grands procès français pour crimes contre l'humanité des années 1980-1990 plus barricadée contre la mémoire juive, confondue avec celle de la Shoah. Mémoire à laquelle elle a été habituée à payer une part d'hommage formel et rien de plus. La commisération voire la fascination qu'un personnage aussi désuet que Maurice Papon a pu exercer sur quelques jeunes gens ayant par ailleurs baigné dans les rediffusions de la série *Holocauste*, ayant au moins entendu parler de *Shoah* de Claude Lanzmann ou ayant lu, dans les journaux, ce qui avait pu être rattrapé d'une trop longue période de silence sur la persécution des Juifs par Vichy ne laisse pas de surprendre. Il faut y voir les prémices d'une rébellion butée, refusant la moindre concession au « tabou » soi-disant imposé à la société par une minorité de mémoire renvoyée à son particularisme. Est-ce que cette nouvelle fermeture caractérise une génération émergente, vaccinée à l'avance contre le moindre accès de « pitié dangereuse » s'agissant des Juifs, génération pressée de « tourner la page », de « clore le chapitre », de « parler d'autre chose » en estimant que ceux-ci avaient eu

plus que leur dû de mémoire et que main
tenant la place devait être occupée par
celle de l'Algérie ou de la colonisation ?
C'est ce qu'on appelle en Allemagne la
mentalité *Schlußstrich* (celle qui demande
qu'on « tire un trait » sur un passé crimi
nel travaillé à l'excès) ou aux Etats-Unis
the Holocaust fatigue (la lassitude d'en
tendre parler du Génocide). Avec ce nou
vel « agnosticisme » face à une supposée
religion de la Shoah, au sortir d'une
période de procès et de controverses où le
sort des Juifs pendant l'Occupation ainsi
que la question des spoliations ont été
débattus, des années durant, on tient sans
doute la cause la plus probable de la sur
dité relative qui a accueilli les premières
manifestations de la vague d'antisémitisme
de 2000-2002 [1].

---

1. L'*Holocaust fatigue*, qui devait porter des fruits à partir
de l'automne 2000, pointait déjà dès les années 1990 et se mani
festa lors du procès de Maurice Papon. On doit cependant à la
vérité de souligner que l'exaspération provoquée par la mémoire
du Génocide n'est nullement le résultat d'un processus de long
terme, et n'est sûrement pas fonction de l'écoulement des années
ou de la disparition des témoins de l'événement, comme le veut
une certaine doxa mécaniste qui pense les phénomènes sociaux
dans les termes des sciences de la nature. Un tel sentiment s'ex
prime déjà quelques mois seulement après la fin de la Seconde
Guerre mondiale, avant même qu'on puisse parler d'abus de
mémoire ni *a fortiori* de saturation. A titre d'exemple on citera

La question de la responsabilité des médias

Quelle part peuvent avoir la presse et les médias dans la cristallisation de cette nouvelle indifférence, dont les facteurs viennent d'être énumérés ? L'écart de ton entre la presse française et une partie de la presse américaine est frappant et quiconque a voyagé aux Etats-Unis en 2004 ne peut qu'être impressionné de l'inquiétude qui s'y manifeste pour les Juifs de France [1]. A quelques exceptions près, le

---

ce tract distribué fin 1944 qui comportait les remarques suivantes : « compatriotes juifs, revenus à votre place après 4 ans de souffrances, vous allez un peu fort [...] Acceptez ce qui est irréparable comme les autres fils de France acceptent les dommages causés par la guerre. Il ne faut pas qu'il y ait une catégorie de victimes privilégiées, vous soulèveriez un vent d'antisémitisme qui peut-être déjà monte ». Et dans *Témoignage chrétien*, le philosophe Gabriel Marcel appelait déjà les Juifs en octobre 1944 « à se montrer discrets dans leurs revendications ». Cité dans *Être juif en France pendant la Seconde Guerre mondiale*, de Renée Poznanski, Paris, Hachette, 1994, p. 670 à 673.

1. Le petit *corpus* sur lequel se fondent les réflexions qui vont suivre est constitué par un certain nombre de grands articles et reportages publiés par la presse américaine sur l'antisémitisme en France. « Liberté, Egalité, Judéophobie. Why Le Pen is the least of France's problems » par Christopher Caldwell, *The Weekly Standard*, du 5 juin 2002 (un hebdomadaire proche du courant néoconservateur) ; « France's Scarlet Letter » par Marie Brenner, *Vanity Fair*, juin 2003 ; « A Frenchman or a Jew ? », par Fernanda Eberstadt, *The New York Times Magazine*, du 29 février 2004 ; « Fear and Faith in the

ton des articles est alarmiste et reprend, sans la critiquer, la thèse de la « nouvelle judéophobie » de Pierre-André Taguieff. Ce qui paraît séduire dans cette théorie c'est qu'en affirmant que l'antisémitisme nouveau n'est plus un antisémitisme racial, on peut plus facilement le coupler avec la paranoïa anti-américaine qui s'est développée principalement dans le monde musulman, mais qui suit également son cours en Europe. En somme, dénoncer la judéophobie, ce serait lutter contre l'anti-américanisme. Le défaut de la vision américaine de la situation qui prévaut en France en

French Republic » par David Myers, *Tikkun* (un bimestriel de sensibilité de gauche), novembre/décembre 2003. Parmi les articles plus généraux parus sur la question de l'antisémitisme dans la presse étrangère et qui ont alimenté la controverse sur l'interprétation de la situation − et la présente réflexion − en nuançant voire en contestant le réquisitoire, les articles de Tony Judt « Israel : The Alternative », *New York Review of Books*, du 23 octobre 2003 (traduit en français dans la revue *Le Débat*, n° 128, janvier-février 2004) ; Leon Wieseltier, « Pas de panique : Hitler est mort », *New Republic* (traduit en français par la revue *Commentaire*, n° 105, printemps 2004) ; « No it's not Antisemitic » par Judith Butler, *London Review of Books*, 21 août 2003 (traduit en français et publié dans l'ouvrage *Antisémitisme : l'intolérable chantage, op. cit.*, p. 97 à 119). On consultera également par Ian Buruma et Avishaï Margalit, « Occidentalism », *The New York Review of Books*, 17 janvier 2002 et « The AntiOccident Revolution », *The New York Review of Books*, 11 mars 2004.

matière de haine antijuive c'est que les reportages qui l'alimentent, quoique parfois bien informés, sont trop souvent unilatéraux. Les organes de presse proches des néoconservateurs choisiront la conception des Taguieff-Finkielkraut-Trigano. Car de même que ces derniers asservissent la dénonciation de l'antisémitisme à l'idéologie républicaniste, de même les néoconservateurs instrumentaliseront l'antisémitisme pour en faire le code culturel de la lutte contre la « gauche éternelle ». Quitte à repousser un peu vite du tableau l'antisémitisme d'extrême droite.

Pour autant, les journaux de sensibilité néoconservatrice ne sont pas les seuls à s'inquiéter. Dans *Tikkun*, une publication plutôt à gauche, un intéressant débat entre David Myers et Barry Lando met en scène plusieurs interprétations divergentes sur l'antisémitisme en France. Myers affirme qu'avant de passer un mois en France et de rencontrer un certain nombre de ses collègues, il avait tendance à juger les comptes rendus de la presse américaine sur la situation des Juifs exagérés et intéressés. Pourtant, à l'issue de son séjour, il en vient à conclure que la peur qui règne parmi les Juifs, y compris parmi les Juifs proches de sa sensibilité, autrement dit attachés à l'existence d'Israël mais opposés à la politique de Sharon, est réelle. Il tente de comprendre la source de cette angoisse dans l'exclusion progressive du corps politique de ces intellectuels juifs dans la mesure où l'antisionisme régnant fait de moins en moins la distinction entre soutien au principe même de l'existence d'Israël et soutien à son actuel gouvernement. Myers est le seul à tenter de déconnecter l'antisémitisme contemporain des aléas présents du conflit israélo-palestinien. A l'en croire, l'*Urform* du phénomène doit être recherchée dans la célèbre phrase prononcée par de Gaulle à la fin des années 1960 sur « le peuple d'élite, sûr de lui et dominateur » où l'on retrouve le refrain de l'antisémitisme d'après guerre : les Juifs sont des oppresseurs et non des victimes [1]. Lando

---

1. Voir le mémoire présenté pour le DEA « Histoire du XXᵉ siècle » de l'Institut d'études politiques de Paris, sous la direction de Jean-François Sirinelli par Mikaël Guedj, *Les Intellectuels français et la guerre des Six Jours*, Paris, 2001 (non publié).

lui rétorque qu'il ne faut pas noircir le tableau s'agissant d'un pays comme la France dont trois Premiers ministres ont eu des origines juives. Lui estime que la politique de Sharon est bien pour quelque chose dans la situation qui prévaut en France.

Si l'analyse de Myers est fine, son échantillon demeure marginal : il est constitué par des intellectuels juifs français parfois de formation trotskiste mais attachés à l'existence d'Israël et qui se sentent pour cette raison de plus en plus coupés de leur famille politique. C'était aussi l'angle choisi par Fernanda Eberstadt. Si donc l'inquiétude est généralement de mise sur l'antisémitisme en France, celle-ci n'est pas forcément liée à des positions politiques américaines mais peut s'appuyer sur une connaissance approfondie de certains terrains et de leur histoire.

Américaine ou française la presse se doit d'insister sur des phénomènes émergents et non se substituer à la psychologie sociale à qui il incombe d'analyser les phénomènes durables et collectifs. Pourtant le surgissement de l'antisémitisme avait assurément de quoi mobiliser les journalistes plus rapidement que cela n'a été fait dans la mesure où, pour la première fois à partir de l'automne 2000, les incidents antisémites recensés par les statistiques officielles dépassaient en nombre l'ensemble des incidents à caractère raciste ou xénophobe. Ici, c'est une autre notion empruntée à la sociologie américaine que celle de « prédiction autoréalisatrice » (*self-fulfilling prophecy*) qu'il faudrait invoquer pour décrire le comportement des médias au début du phénomène : celui de « dissonance cognitive » dont l'un des symptômes est la tendance bien connue d'exposition sélective à l'information [1]. Là encore, il est

------

I. Le concept a été forgé en 1957 par Leon Festinger dans *A Theory of Cognitive Dissonance*, Stanford University Press. Dominique Schnapper le définit comme suit dans *La Relation à l'autre. Au cœur de la pensée sociologique*, Paris, Gallimard, 1998 : « L'hypothèse fondamentale est la suivante : l'existence d'une dissonance étant source de malaise extrême [un élément impliquant la négation de l'autre et donc ne pouvant être perçu en même temps] entraîne de la part de l'individu une activité qui vise à le réduire. Il existe différents moyens pour le faire. Le premier consiste à éviter les informations dont l'individu prévoit qu'elles sont dissonantes avec ses opinions ou son comportement et à choisir les informations qui vérifient et renforcent ses convictions. Lorsqu'ils ne peuvent échapper à une information, les sujets résolvent la dissonance en percevant mal cette information, en la négligeant ou bien en contestant sa validité. Ils font appel à tout leur système cognitif et culturel pour

absurde de parler de conspiration du silence. Car c'est réduire le malaise à la perversité de quelques individus et, du coup, manquer sa profondeur.

Qu'est-ce qui peut motiver le choix de ne pas couvrir un événement antisémite ? De ce qui précède, on peut déduire que c'est une non-coïncidence manifeste entre la représentation des Juifs israéliens comme oppresseurs et la réalité de ce que les Juifs en France étaient les plus exposés aux violences racistes qui a produit une tension que les élites ont tenté de résorber par un long silence de quelques mois. Ce dispositif de freinage en forme de malaise s'est du reste reproduit au niveau européen lorsqu'il fut question de publier les chiffres officiels notés dans le rapport de l'EUMC évoqué au chapitre précédent.

Serait-il de l'ordre de l'éthique de la responsabilité que de tarir la source de l'information pour répondre au souci de « ne pas jeter d'huile sur le feu », le discours sur la violence alimentant les violences ? Que

---

réduire les désaccords logiques et les incohérences qui peuvent apparaître. C'est un mécanisme de réduction des tensions », p. 132.

l'idéologie qui inspire les articles, autrement dit leur contenu ou l'orientation de leurs commentaires, ne soit pas forcément la *cause* des troubles qui les accompagnent, c'est ce que montrent certaines études récentes menées sur la multiplication des incidents à caractère raciste ou xénophobe dans l'Est de l'Allemagne au début des années 1990 [1]. En revanche, il y a bel et bien connexion entre la *fréquence* des reportages – quel qu'en soit le contenu – et l'*accélération* de la violence. Ici joue un effet de contagion, comme au Moyen Age du reste une accusation de crime rituel en suscitait de nombreuses autres. Dans son étude comparée de cinq grands journaux européens de 1899 à 1939, mis en relation avec le décompte des incidents antijuifs relevés par l'American Jewish Yearbook, William Brustein invite à la prudence dès lors qu'il s'agit d'évaluer le rôle de la presse dans la

---

I. Hans-Bernd Brosius et Frank Esser, *Eskalation durch Berichterstattung ? Massenmedien und fremdenfeindliche Gewalt*, Opladen, 1995 cité dans le rapport (non publié) de l'European Monitoring Centre on Racism and Xenophobia par Werner Bergmann et Juliane Wetzel (Zentrum für Antisemitismus Forschung, Technische Universität Berlin), manuscrit du 20 février 2003, p. 28.

montée de l'antisémitisme [1]. Pour 141 articles défavorables (sur 1 004, la majorité étant neutre et quelques-uns favorables) consacrés aux Juifs dans la période de quarante et un ans considérée, on constate un total de 1 295 incidents répertoriés (certains de ces incidents recouvrant en réalité des vagues entières d'antisémitisme). On ne peut donc, sur cette base il est vrai limitée, établir aucun rapport direct entre ce que la presse dit ou ne dit pas des Juifs et une période particulièrement aiguë de persécution. Il convient par conséquent de rester circonspect quant aux responsabilités de celle-ci dans l'aggravation de l'antisémitisme.

L'un des reproches adressés aux médias français repose en dernière analyse sur la notion weberienne d'éthique de la responsabilité. On les critique de céder à une passion idéologique — en l'occurrence propalestinienne — sans tenir compte des conséquences que leurs reportages peuvent avoir sur le terrain. S'il est vrai que la seule réalité de l'antisémitisme réside dans les mots de l'an-

---

1. *Roots of Hate, op. cit.*, p. 345 sq.

tisémite, doit-on en conclure que la passion
des fauteurs d'incidents antijuifs n'est
mobilisée que par les mots (ou les images)
dits ou imprimés ? C'est cette hypothèse
réductrice qui fait du décryptage des médias
une arme trop exclusive de lutte. On sait
que, pour Max Weber, l'éthique de la responsabilité et celle de la conviction [1] se
confondent dans la figure de l'homme politique et que seul le fonctionnaire a pour
« honneur » d'exécuter un ordre qui lui

---

[1]. Max Weber, « La Profession et la vocation de politique »,
in *Le Savant et le politique*, nouvelle traduction par Catherine
Colliot-Thélène, Paris, La Découverte, 2003. « La carrière de
journaliste demeure un des moyens les plus importants pour
exercer une activité politique de façon professionnelle »,
constate Weber (nous sommes en 1919) qui ne partage pas le
mépris pour cette profession qui aura cours chez tant de sociologues qui se réclameront pourtant de sa pensée. « On ne prend
presque jamais en considération le fait que la responsabilité est
bien plus grande et que même le sentiment de responsabilité de
tout journaliste honorable n'est en moyenne pas moindre que
celui du savant, continue-t-il. Il est au contraire supérieur
comme la guerre nous l'a appris. Cette méconnaissance vient
naturellement de ce que la mémoire retient précisément les pro-
ductions journalistiques irresponsables, parce que leurs effets
sont souvent terribles. Que, tout compte fait, la discrétion des
journalistes qui disposent de quelque compétence soit en
moyenne plus élevée que celle des autres gens, personne ne veut
le croire. C'est pourtant le cas. Les tentations incomparablement
plus lourdes liées à cette profession, et les autres conditions de
l'efficacité du journalisme à l'époque actuelle produisent ces
effets qui ont habitué le public à considérer la presse avec un
mélange de mépris et de lâcheté lamentable », p. 152.

paraîtrait par ailleurs erroné comme s'il s'agissait de sa propre conviction. On ne saurait donc limiter la responsabilité du politique à la simple prise en compte des conséquences de ses actes ou de ses dires mais au souci du salut de la cité au prix du sien propre à l'occasion. La responsabilité du journaliste me semble plus proche du politique ainsi défini que de celle du fonctionnaire. Non que pour Weber la politique soit délibérément une plongée dans le mal mais parce qu'elle confronte immanquablement à la violence et aux rapports de domination qui en sont les inévitables compagnons de route. Sans recourir à la vieille tradition d'apologétique journalistique qui consiste à reporter les défauts de la presse sur ceux d'une société dont elle serait le simple reflet transparent, on ne doit donc pas non plus faire des médias la cause unique des violences antijuives comme le croit et le répète à l'envi une tendance de l'opinion publique juive. S'il ne faut pas non plus minimiser la responsabilité des journalistes dans les affaires publiques, les ressorts du fameux « pouvoir de la presse » demeurent plus mystérieux qu'on ne le croit et une étude détaillée dépasserait les limites de cet ouvrage [1].

Il est intéressant de noter que les plus virulentes critiques de la presse émanent aujourd'hui en France de deux sources qui ne se rejoignent pas pour des raisons évidentes : les sociologues de gauche, et plutôt propalestiniens, inspirés par la critique du dernier Bourdieu, qui reprochent aux journaux leur asservissement à l'ordre libéral honni ; d'autre part, comme nous l'avons vu, une partie de la communauté juive qui proteste contre la partialité de l'information dès lors qu'il s'agit d'Israël ou de l'antisémitisme. Ces deux critiques en dépit de leurs divergences politiques portent sur les effets possibles des articles ou des reportages (soumission à l'ordre libéral pour les uns, violence à l'encontre des Juifs pour les autres). Mais ne peut-on dire que la mauvaise presse du journalisme en France devrait également faire réfléchir sur les

---

1. Sur ce sujet on se reportera aux ouvrages de Géraldine Muhlmann, *Du journalisme en démocratie*, Paris, coll. « Critique de la politique », Payot, 2004 ; et *Une histoire politique du journalisme, XIXe-XXe siècles*, Paris, coll. « Partage du savoir », *Le Monde*/PUF, 2004.

limites de son influence ? Tout n'indique-
t-il pas que le citoyen se trouve aujourd'hui
en révolte, parfois brouillonne, contre sa
presse et que le schéma qui veut que de la
cause (article ou reportage) à l'effet (soumission, agression antijuive) la conséquence
soit bonne ne tient guère compte de cette
atmosphère de suspicion peut-être profi-
table à l'amélioration de la profession...

Cette manière de concevoir la chaîne de
l'information sur le modèle de la transmission
de la force d'une boule de billard à une autre
— modèle qui sert à la description de la circula-
tion du pouvoir dans l'univers totalitaire —
paraît bien courte, même si elle facilite la
tâche en désignant un seul facteur et en satis-
faisant le goût pour les explications monocausales [1] ? Cette vision trop lisse du circuit de
l'information, négligeant les contre-exemples,
a d'autre part le défaut de radicaliser la lecture de la situation. Il est indéniable qu'une

---

1. Pour l'*Observatoire du monde juif* de Shmuel Trigano cité
plus haut, le constat d'un préjugé en défaveur d'Israël propre
à l'AFP met en question la fiabilité de toute la chaîne informa-
tive car presse et médias tirent leur substance des dépêches
d'agence et forment à leur tour l'opinion publique ; n° 2, mars
2002 : « Déontologie journalistique et choix idéologiques face à
Israël ».

tendance à privilégier le — potentiellement — fort électorat arabe ou musulman se fait jour dans certains points de l'espace social. On pourrait montrer que les calculs électoraux ne sont assurément pas absents dans l'incapacité des pouvoirs publics à aborder de front la question de l'antisémitisme. Mais quel est l'intérêt des médias en la matière ?

En réalité le mal comme le malaise viennent de plus loin. D'une sorte de « péché originel » que la laïcité à la française aurait commis en émancipant ses minorités et dont la République souffre encore. Car peut-être la fragmentation communautaire à laquelle on l'oppose idéalement est-elle un fruit de ses propres entrailles ? C'est cette confrontation critique avec l'idéal républicain de laïcité, tel que la question de la législation sur le foulard et la gestion du problème de l'antisémitisme l'ont mis à l'épreuve, qui fera l'objet du chapitre suivant.

CHAPITRE TROISIÈME

DERRIÈRE LE VOILE : LA RÉPUBLIQUE
ET SES COMMUNAUTÉS OBLIGATOIRES

Pourquoi la France républicaine est-elle si vulnérable à l'antisémitisme ? N'y a-t-il pas une défaillance qui a épuisé l'efficacité du pacte de laïcité ? Non que la République en elle-même recèle autre chose qu'une promesse d'émancipation, mais parce que les conditions historiques dans lesquelles la gestion des minorités s'est mise en place dans la foulée de la Révolution en ont peut-être trahi les intentions généreuses [1]. L'idée que l'on voudrait

---

I. C'est ici le lieu d'évoquer la thèse défendue par Arthur Hertzberg, dans *French Enlightenments and the Jews. The Origin of Modern AntiSemitism*, Schoken Books, 1968, dans laquelle il montre que l'accès des Juifs à la citoyenneté s'est produite dans un climat d'antisémitisme qui a affecté le style même qu'a pris l'émancipation révolutionnaire. Qu'un livre comme celui-là ait dû attendre 2004 et le contexte d'une crise d'antisémitisme pour être enfin traduit en français est assez significatif du phénomène décrit dans les pages qui vont suivre. L'ouvrage a été traduit par Galia Loupan sous le titre *Les Origines de l'antisémitisme moderne*, et publié aux Presses de la Renaissance, Paris, 2004.

développer ici est que, bien loin de pouvoir opposer la République (universelle) aux communautés (particularistes), il faut convenir que la société post-révolutionnaire, loin de les abolir, en a inventé un nouveau modèle : la communauté d'assignation. Contrairement à ce qui est soutenu généralement, le modèle français d'émancipation n'a pas refoulé les différences ethniques, religieuses, linguistiques dans la « sphère privée », il en a forgé de nouvelles qu'il a entendu substituer aux anciennes léguées par l'histoire. Paradoxalement ce constructivisme régénérateur qui a produit des Israélites puis des Juifs, des musulmans, et peut-être aussi des Corses ou des Bretons reste vivace. Il a même pris une nouvelle jeunesse depuis qu'il a été question d'organiser l'islam en France (pour le transformer en islam *de* France). Un détour par l'histoire de la laïcité paraît donc nécessaire pour prendre la mesure du problème. Car peut-être une lutte bien comprise contre l'antisémitisme se fera-t-elle au prix de la renonciation à cette tendance ancienne, à l'acceptation des communautés telles qu'elles sont ou telles qu'elles évoluent dans son espace public.

Que la laïcité française soit une sorte d'hapax se repère au fait qu'il est fort difficile de trouver au mot un strict équivalent dans une langue étrangère. Les meilleurs « passeurs », on le sait, s'y brisent les dents. Aucun équivalent en anglo-américain, et notamment pas le terme de « *secularism* », n'est réellement approprié. Est-ce à dire que la laïcité française fonctionne en vase clos comme le laissent à penser les réactions globalement hostiles qui, à l'étranger, ont accueilli la volonté du gouvernement français de légiférer en matière de foulard islamique ? Des réactions qui révèlent un autre hiatus de perception. Considéré comme éradicatrice de différences hors de France la législation antifoulard a été défendue par certaines féministes comme une loi progressiste, visant d'abord à protéger les musulmanes du joug de traditions (transmises ou réinventées). Du reste, dans des milieux de gauche réservés ou hostiles, le thème de la protection des femmes fournissait le meilleur contrepoids à la crainte qu'une telle loi aboutisse à restreindre la liberté d'expression des adolescents. Ce qui n'a pas été perçu par les défenseurs de la loi c'est la possibilité que la législation puisse aussi fâcheusement rappeler aux ressortissants de pays arabes ou musulmans le modernisme effréné pratiqué par les pouvoirs dictatoriaux du Maghreb ou du Moyen-Orient, depuis la Turquie kémaliste au régime des militaires algériens. Même si les intégristes instrumentalisent cette confusion, la possibilité même qui leur est offerte de plaquer une rhétorique de style révolutionnaire pour défendre un usage régressif comme le voile islamique, illustre les tragiques et persistants malentendus que recèle tout mécanisme d'émancipation imposée.

Bon nombre de défenseurs du modèle français pensent qu'il est l'héritage direct des Lumières ou de la Révolution française, de sorte que critiquer son organisation des religions qui met de côté l'autoperception que les diverses croyances ont d'elles-mêmes pour leur substituer une forme « citoyenne » imposée de l'extérieur par la puissance publique (à laquelle elles finissent par adhérer ou qu'elles intériorisent) reviendrait à adopter une position réactionnaire. Or l'histoire est plus complexe. Bien loin d'être le legs des seules Lumières ou de la première période de la Révolution, la réorganisation du judaïsme français telle que la première décennie du XIXe siècle l'a réalisée, invoquée implicitement comme modèle pour la création du Conseil français du culte musulman, a poussé dans le terreau équivoque d'un mixte d'émancipation révolutionnaire, de préoccupations d'ordre public, de contre-révolution catholique teintée d'antisémitisme et de césarisme napoléonien et répressif.

Il est vrai, les réactions que la législation sur le foulard a provoquées de l'autre côté de l'Atlantique (ou du Rhin) témoignent d'un manque de compréhension fine de la tradition française en matière de laïcité. On la déforme quand on la voit exclusivement sous l'angle de sa version la plus militante comme c'est trop souvent le cas. Cette tradition est plurielle et les courants dominants, surtout depuis le début du XXe siècle, sont plutôt à une laïcité modérée, vécue sur un mode plus défensif que conquérant. En outre, l'opposition entre un modèle républicain « à la française » et un modèle américain, bien qu'elle structure les perceptions que l'on se fait du problème, est grossière. Vue de France, en effet, on se représente la société américaine comme littéralement engorgée de religion. On néglige le fait qu'il y a, aux Etats-Unis comme en France, deux traditions qui s'affrontent sur la place que doit occuper le sacré dans l'espace public et que cette question est loin de faire l'objet du consensus que l'on imagine [1].

____

1. Le spécialiste des Etats-Unis, Denis Lacorne, dans son effort incessant pour donner aux Français une vision moins simpliste des Etats-Unis, distingue entre : 1) les *accommodationnistes* (la tendance du président George W. Bush) qui entendent donner à la religion toute sa place dans l'espace public (dans le cadre de la Constitution) ; 2) les *séparatistes* qui veulent renforcer les murs que le premier amendement ménage entre les Eglises et l'Etat. C'est ainsi — observe-t-il — qu'à la différence de ce qui se passe en France, les Etats-Unis ont conservé quelques traces de religion civique à laquelle la République française a renoncé depuis 1905, au nom de la pacification. Par exemple les cérémonies de naturalisation. On oublie aussi trop facilement en France, que les « Pères fondateurs » ont été, dans leur grande majorité, des athées ou des déistes issus des Lumières et que le slogan *« one nation under God »* est tardif. Enfin on ne remarque guère en France que les Etats-Unis sont pourvus d'un enseignement public et qu'à la différence de ce qui a cours dans l'Hexagone, l'Etat n'y finance pas encore l'enseignement privé. Les dichotomies grossières qui empoisonnent le dialogue transatlantique sur ce sujet doivent donc être évitées. Contrairement à un préjugé bien enraciné, la laïcité naît tout autant de la

Si la vision des relations entre l'Etat et les cultes aux Etats-Unis fait l'objet de déformation en France, les commentaires hostiles dans le monde anglo-saxon qui ont accompagné le vote de la loi « sur les signes ostensibles » révèlent, à l'inverse, une incompréhension de la laïcité à la française laquelle, comme on l'a dit, paraît exclusivement perçue sous sa modalité de laïcité de combat. Or, de nombreux spécialistes et notamment les historiens qui ont réalisé l'analyse fine des débats parlementaires ayant accompagné le vote de la loi de séparation de l'Eglise et de l'Etat de 1905 n'ont pas manqué de faire observer que la conception qui a fini par l'emporter en France ne fut pas celle des éradicateurs mais bien celle des modérés. Ici, un petit détour historique s'impose.

---

révolution américaine et de ses Pères fondateurs que de la Révolution française, et on ne saurait la ranger, en tout cas, dans la catégorie des célèbres « exceptions françaises » y compris en Europe (elle est instituée dès 1795 aux Pays-Bas). Ce qui est particulièrement français c'est le style de laïcité. Voir la contribution de Denis Lacorne au forum *Le Monde*/Le Mans, *Religion et politique, une liaison dangereuse ?*, Bruxelles, Complexe, 2003, p. 179 à 188. On consultera également le *Rapport public 2004* du Conseil d'Etat intitulé « Un siècle de laïcité », *Etudes et Documents*, n° 55, Paris, La Documentation française, 2004.

La loi de 1905 constitue l'aboutissement de plus d'un siècle d'affrontements sur la place du catholicisme dans la France issue de la Révolution française. C'est la Constitution de février 1795 — dite de l'an III — qui institue pour la première fois la séparation dans les textes. « Nul ne peut être empêché d'exercer le culte qu'il a choisi. Nul ne peut être forcé de contribuer aux dépenses d'un culte. La République n'en salarie aucun », précise ce texte. Si le régime du Concordat, imposé par Bonaparte, redonne au catholicisme une place privilégiée, la Restauration n'en reviendra pas à la situation de l'Ancien Régime. Au cours du XIXe siècle, le progrès de l'idée républicaine ne s'accompagne pas forcément de passion antireligieuse. Plus d'un prêtre bénira les arbres de la Liberté que l'on plante un peu partout, après la chute de Louis-Philippe en 1848. C'est la période du Second Empire, marquée par une collaboration étroite entre le clergé et le régime — illustrée par *La Conquête de Plassans* d'Emile Zola (1874) — qui polarise l'affrontement entre le camp républicain et l'Eglise. Toutefois, même alors,

l'ensemble du personnel politique de la
IIIe République ne sera pas composé d'« éradicateurs ». Une circulaire de novembre
1882 suggère par exemple, à propos de la
question des crucifix dans les écoles, une
approche du problème respectant « le vœu
des populations »...

En 1904, Emile Combes, alors président
du Conseil, radical et franc-maçon, dépose
le projet de loi de séparation et le débat
s'installe à la Chambre, opposant ceux qui
prônent une extirpation du catholicisme
romain (notamment en favorisant le sur-
gissement d'Eglises schismatiques déta-
chées de Rome, avatar laïc, peut-être, du
vieux gallicanisme français) et ceux qui
entendent simplement réorganiser les
cultes en tenant compte de l'existence des
« corps intermédiaires » existants (l'Eglise
telle qu'elle est constituée et rattachée à
Rome). La discussion sera vive, d'autant
plus que la position de beaucoup de catho-
liques au temps de l'Affaire Dreyfus a
durci les positions. Au Parlement, les deux
modèles s'affrontent. Les radicaux entendent que l'Etat ne reconnaisse plus l'Eglise
catholique en tant que telle mais se

contente de garantir aux fidèles le droit d'association pour célébrer le culte (les invitant implicitement à s'organiser en Eglises nouvelles). D'autres, comme Aristide Briand, estiment que l'attribution des lieux de culte par la loi doit tenir compte de la structure léguée par l'histoire, celle des évêchés en l'occurrence. Or on sait que c'est cette version douce qui finira par s'imposer, *via* le vote du fameux article 4. Il est soutenu par le protestant Francis de Pressensé et le socialiste Jean Jaurès. La loi, promulguée le 11 décembre 1905, prévoit que le transfert des biens des établissements publics du culte se fera « aux associations » se conformant « aux règles d'organisations générales du culte dont elles se proposent d'assurer l'exercice », donc de l'Eglise telle que l'histoire l'avait faite et non telle que les plus extrémistes entendaient la remodeler. Désormais seul le refus de Rome et de l'Eglise de former les associations cultuelles prévues retarde l'apaisement lequel n'est acquis qu'en 1924, après que l'épreuve de la Grande Guerre eut achevé le processus de réconciliation entre les « deux France ». Si, même

à l'intérieur du camp républicain, le
« pacte laïc » a été engendré dans la douleur, on ne saurait oublier que certains de
ses militants les plus fidèles comme
Edouard Herriot, président du Conseil au
temps du Cartel des gauches proposeront,
les premiers, de faire une place officielle à
l'islam dans la capitale française. Notamment en proposant l'édification d'une mos-
quée à Paris [1]. S'appliquant à la religion
de la majorité, les Républicains avaient
été conduits à respecter l'histoire et les
institutions séculaires, ce que les gou-
vernements de l'ère post-révolutionnaire
n'avaient, comme on le verra, pas toujours
réussi dans leur traitement des minorités.

Cette dichotomie entre éradicateurs et
modérés a-t-elle perduré ? Sans doute. Il
existe toujours dans le champ intellectuel
français des défenseurs passionnés de la
version républicaine active de la laïcité qui
considèrent qu'il vaut mieux tenir la
sphère publique, dévolue à l'intérêt
commun à tous, à l'écart de tout groupe

---

[1]. Voir Jean Baubérot, *Histoire de la laïcité en France*, Paris, PUF, 2003 ; Henri Pena-Ruiz, *Qu'est-ce que la laïcité ?*, Paris, Gallimard, 2003.

de pression. Mais cette croyance obstinée dans la nécessaire neutralité de l'espace public n'est pas, notons-le, le point final du texte du rapport de la commission Stasi qui a précédé l'adoption de la loi sur les signes religieux. Ce rapport reconnaît en effet qu'il existe, au-delà de la seule neutralité, un contenu *positif* de la laïcité.

Pour autant, les chiffres montrent que c'est sur un mode surtout défensif que l'opinion publique en France perçoit aujourd'hui la laïcité. Un sondage sur ce thème [1] a montré que cette préoccupation n'arrivait qu'en quatrième position (55 %) parmi les éléments constitutifs considérés comme « très importants » de l'identité française, précédée par la langue, le système de protection sociale, la culture

---

1. « République, laïcité, intégration », sondage TNS/Sofres réalisé mercredi 14 et jeudi 15 janvier 2004 — soit en plein débat autour de la loi — auprès de mille personnes de 18 ans et plus. La même enquête révélait ainsi que 59 % des sondés se déclaraient d'accord pour le remplacement éventuel du porc dans les cantines scolaires, pour ne pas heurter les convictions des élèves juifs ou musulmans. Cet aspect-là de la vie républicaine, aussi éloigné du « voile d'ignorance sur les particularismes » que du consensus par recoupement rawlsien, est soigneusement occulté par ceux qui veulent faire de la République en version française un drapeau (comme c'est le cas des républicanistes et souverainistes).

et le patrimoine. 20 % des sondés jugeaient que l'interdiction des signes ostensibles en constitue l'élément majeur. 40 % placent en tête « la liberté pour chaque individu de choisir sa religion ». Toutefois, 57 % considèrent ces signes ostensibles comme « une menace pour la cohésion nationale ».

En somme et pour conclure ce bref excursus historique qui nous a amenés d'un coup d'aile à nos préoccupations d'aujourd'hui, celui qui prétend reconstituer l'histoire de la laïcité doit se garder de toute vision téléologique. Le monde de la laïcité militante a en effet vu les clivages du passé changer de figure. Les clivages traversent parfois de l'intérieur certaines associations laïques et syndicats d'enseignants. Pour comprendre l'évolution des positions des uns et des autres, il faut remonter à l'échec de la mise en place d'un « grand service public unifié » en 1984 voulu par le ministre socialiste de l'Education nationale de l'époque, Alain Savary, visant à supprimer les subventions accordées à l'enseignement privé. Le président François Mitterrand, devant l'ampleur des manifestations de protestation, avait fini par faire machine arrière. Cette dérobade fut un traumatisme pour le « camp laïc » et, pour une partie de ses militants, ce revers fut l'occasion d'une remise en cause du contenu de leur combat. C'est à ce moment que certaines organisations comme la Ligue des droits de l'homme, critiquant le réductionnisme qui avait jusque-là cantonné la laïcité à la lutte anticléricale, estimèrent que le nouveau terrain d'action devait désormais se situer sur le thème de l'« égalité des droits » et du combat « contre les discriminations qui vicient le contrat social ». Voilà pourquoi certains groupes identifiés au camp laïc comme le MRAP, la Ligue des droits de l'homme et dans une moindre mesure la Ligue de l'enseignement se sont retrouvés du côté de ceux qui protestaient contre la loi « sur le voile », au risque de mêler leurs cris aux intégristes musulmans et non sans que cela provoque une tension à l'intérieur de ces associations. En revanche, ceux qui campent sur les positions « anticléricales » classiques voient dans leurs adversaires des « néocommunautaristes ».

Une des difficultés à percevoir les enjeux de l'actuel débat sur la laïcité tient à ce que celui-ci est parasité par l'importation d'une controverse en provenance des Etats-Unis : celle du communautarisme. La transplantation de notions et de concepts d'un contexte académique américain (où l'Université est relativement à l'écart de la vie publique) à un milieu européen beaucoup plus politisé ne se fait pas sans de profondes modifications. Jürgen Habermas avait noté dans un article consacré à l'antisémitisme [1] l'effet ravageur de la transposition en Europe, sur le terrain social, de débats à enjeux principalement littéraires (portant sur ce qui doit ou non figurer dans le « canon » proposé aux étudiants américains). La polémique autour du « politiquement correct » en constitue un cas d'espèce. L'usage de l'expression dans le champ clos des universités américaines renvoyait à une critique de nature plutôt conservatrice consistant à défendre la culture d'origine européenne contre les attaques d'une « gauche cultu-

---

1. « Tabusbruch » in *Süddeutsche Zeitung*, du 7 juin 2002.

relle » imprégnée de déconstruction derri-
dienne et de rhétorique post-coloniale.
Arrivée sur le Vieux Continent au début
des années 1990, celle-ci s'est mise à désigner tout autre chose dans le contexte
européen. Quand on fustige le « politiquement correct » de ce côté-ci de l'Atlantique, on vise généralement les limites
sociales supposées que des minorités impo-
seraient au *main stream*. On reproche à
ces minorités de faire vivre, à coups de
pitié dangereuse ou de chantage victimaire, la société globale sous le joug d'un
certain nombre de « tabous ». Paradoxalement face à cet « abus », le rejet du « politiquement correct » ne se présente plus
comme une posture conservatrice mais
revêt l'apparence d'un discours d'émancipation, voire même d'un geste apparenté à
une rupture de type « soixante-huitard »
contre une « pensée » supposée « unique » !
On prétend affranchir l'opinion publique
d'un « consensus bien-pensant » qui pèse-
rait sur la liberté d'expression. Cette
dialectique fait qu'en France on peut
maintenant s'afficher fièrement « politiquement incorrect », dénoncer la « pensée

unique » et avoir un certain succès de scandale comme les écrivains Maurice Dantec, Renaud Camus, Michel Houellebecq ou Oriana Fallaci. Autrement dit, d'une ironie conservatrice de campus, on est passé chez certains à une critique sociale active où la pensée de droite renoue avec le style de la rébellion dans une problématique très « droite révolutionnaire ». Dans la mesure où ce sont les minorités qui sont vilipendées, il flotte dans les usages continentaux du sobriquet de « politiquement correct » comme le parfum d'une nostalgie active de l'homogénéité sociale, culturelle ou ethnique menacée par une altérité considérée comme menaçante.

Cette nostalgie caractérise le fond de la démarche de ce qu'on pourrait appeler la confrérie des « briseurs de tabous » professionnels. Elle s'accompagne de la métamorphose de la notion de communautarisme en *Feindbild*, en image de l'ennemi dans la France actuelle. Comment le communautarisme théorique, né aux Etats-Unis de la critique du libéralisme de John Rawls a-t-il pu aboutir à incarner en France le mal absolu ? L'idée selon laquelle la communauté constituerait un sas, un passage obligé vers la société ouverte selon laquelle celui qui n'a pas de communauté d'appartenance ne peut être intégré dans la société américaine et qui veut que l'affirmation communautaire constitue bien plus une marque d'intégration que le symbole de son échec, cette idée ne « passe » décidément pas en France où les laboratoires et les voix qui se font du communautarisme une vision moins noire ou moins sommaire restent une minorité parmi les intellectuels (parmi eux : les sociologues Alain Touraine et Michel Wieviorka, le philosophe Alain Renaut).

Toutefois, Pierre Birnbaum a, à juste titre, mis en évidence les raccourcis que trahissent certaines lectures anglo-saxonnes (et allemandes) du « modèle français [1] ». D'après

I. Dans *La Constellation des appartenances*, Presses de Sciences-Po, Paris, 2004, ouvrage dirigé par Alain Dieckhoff. A son actif on pourrait verser la constatation suivante : l'émancipation des Juifs a — répétons-le — toujours été considérée par les ennemis des conquêtes révolutionnaires comme le symbole même de la Révolution. Bien que les Juifs de l'époque n'aient pas eu à se réjouir de la période proprement jacobine de la Révolution (voir sur ce point A. Hertzberg, *op. cit.*), dans l'esprit de leurs adversaires, ils ont été souvent confondus ou du moins « mis en relation » avec elle. *La France juive* d'Edouard Drumont (Marpont Flammarion), le best-seller antisémite du XIXe siècle s'ouvre ainsi significativement par la phrase suivante : « Taine a écrit

lui, aussi bien ses défenseurs — qui louent en lui un nationalisme civique sans contenu ethnique (Ernest Gellner, Jürgen Habermas) — que ses critiques communautaristes (Michael Taylor, Michael Walzer, Will Kymlicka) qui s'attaquent avec des nuances à son jacobinisme endémique et à sa rage assimilatrice, pèchent par excès de simplification et ignorance de l'histoire de France. Ils méconnaîtraient que le côté « Etat fort » (*thick*) propre à la construction républicaine est, en réalité, une conséquence de la lutte séculaire qu'ont dû mener les tenants de la Révolution et des Lumières contre un nationalisme ethnique inhérent à la tradition française : l'esprit contre-révolutionnaire et les résistances locales ou religieuses à l'intégration républicaine. Un esprit qui, selon lui, donne son style très particulier au nationalisme français de la fin du XIXe siècle, de « la terre et du sang ». Ce style de nationalisme demeure inconnu dans l'univers anglo-saxon où l'on peut se permettre d'être à la fois « burkien » (autrement dit de critiquer, d'un

la *Conquête jacobine*. Je veux écrire la *Conquête juive*. [...] Le seul auquel la Révolution ait profité est le Juif. Tout vient du Juif ; tout revient au Juif », p. 10 et 11.

point de vue libéral, la Révolution française)
et « de gauche » — configuration intellectuel-
lement et politiquement impossible à tenir
dans l'Hexagone.

Cette réflexion doit être prolongée par
une autre qui nous ramène à la signification symbolique de la loi sur les signes
ostensibles. Dans ce cas comme dans le précédent, les caractéristiques du modèle français de « démocratie forte » (requérant *via*
l'intégration exigée des individus un haut
niveau d'engagement civique et une renonciation à l'affichage, hors d'une sphère
privée aux frontières incertaines, de leur
appartenance) ne sont pas *sui generis* mais
au contraire réactives. Le jacobinisme
prêté à la France doit d'autre part être
tempéré par le caractère démocratique
qu'a conservé, malgré tout, l'édification
républicaine en France. Cette dimension
est souvent sous-estimée dans la présenta-
tion sans nuance du modèle français
comme dévoreur de particularismes. Mais
elle l'est tout autant par les intellectuels
néorépublicains qui opposent allégrement
République et démocratie.

Il y a bien une version française de la

gestion des particularités locales, linguistiques, religieuses (et nous verrons ci-dessous sous quel mode), que sont en train d'exhumer historiens et sociologues. C'est ce que montre par exemple la redécouverte du thème des « petites patries » à la Belle Epoque [1]. Que, dans le processus de séparation de l'Eglise et de l'Etat, ce soient les modérés qui l'aient emporté sur les éradicateurs, en est une autre marque. C'est ce que montrent encore plus récemment les délicates tentatives de résolution de la question corse ou les essais d'introduire en France une dose de discrimination positive à l'embauche (le choix d'un « préfet musulman ») ou encore la loi sur la parité. Une autre République est donc possible. Encore faudrait-il qu'elle se montre le front haut.

Le portrait de la France républicaine en incarnation du nationalisme assimilateur (ou en contre-modèle du *salad bowl*

---

1. Voir de François Chanet, *L'Ecole républicaine et les petites patries*, Paris, Aubier, 1996 ; et Anne-Marie Thiesse, *Ils apprenaient la France. L'exaltation des régions dans le discours patriotique*, Paris, Edition de la Maison des sciences de l'homme, 1997.

américain) relève donc largement d'une construction. En forçant le trait on pourrait également dire que la prise en compte des diversités ethniques ou religieuses relève d'une certaine façon de la gestion du passé colonial de la France. A sa manière, la proscription du voile indique un tournant dans la gestion de cette mémoire. Un tournant dans le sens de la déculpabilisation. Le passage à la loi peut être interprété comme la fixation d'une frontière, d'une limite et non comme un rejet atavique de toute gestion des diversités ni comme la preuve de la survivance d'une laïcité éradicatrice ou régénératrice.

D'un autre côté, l'idée d'une société multiculturelle et la possibilité qu'elle puisse créer des relations sociales plus harmonieuses est rarement défendue en France. Au point que certains interprètent le renouveau d'antisémitisme comme la contre-preuve qui établit l'échec prévisible du multiculturalisme, du pluralisme ou de l'idéal du métissage. Loin de l'idylle d'une cohabitation heureuse entre groupes à identité forte, le « communautarisme » ne favoriserait que la juxtaposition conflictuelle de sociétés fermées. Parmi les intellectuels qui s'opposent le plus à la société multiculturelle, le plus prolixe est assurément le sociologue Pierre-André Taguieff qui définit l'idéologie du métissage comme un pur et simple retournement du social-darwinisme, une protestation éternelle contre la « société close » inspirée lointainement par la philosophie christianisante de Bergson, un « communautarisme normatif » excluant, selon lui, le principe de laïcité et la privatisation de la foi (l'alliance des deux formant la version classique de la laïcité). Dans une logique devenue un peu folle, telle qu'elle est décrite par Pierre-André Taguieff, ce seraient les fauteurs de communautarisme qui seraient les plus ardents à le dénoncer.

Taguieff a, il est vrai, beau jeu de brocarder le communautarisme retourné en anticommunautarisme quand l'islamiste Tariq Ramadan dénonce sous un tel vocable les intellectuels d'origine juive qui se solidarisent avec Israël. Ou quand Pascal Boniface, un géopolitologue proche du PS (mais qui en a démissionné à l'été 2003), s'emporte lui aussi contre le « communautarisme », mais pour fustiger la « communauté juive » de France qui « à trop permettre l'impunité du gouvernement israélien (...) pourrait être perdante ». Il est du reste révélateur que le « communautarisme » stigmatisé dans ce contexte soit presque toujours le « communautarisme juif ». Quand un Boniface suggère à la direction d'un parti comme le parti socialiste de renoncer à son engagement en faveur d'Israël dans la mesure où il serait plus rentable politiquement d'adopter des positions propalestiniennes susceptibles de mieux séduire les jeunes issus de l'immigration, on peut effectivement adhérer sans peine aux diagnostics de Taguieff. La question reste néanmoins posée de savoir ce qui se dit à travers ce mot qui fait tant peur à la société française et semble avoir désormais la même force d'intimidation et de délégitimation que, jadis, « totalitarisme », « communisme » ou « fascisme »[1]. Le simple balayage

---

[1]. Le communautarisme « ne saurait être le choix de la France », dit ainsi Jacques Chirac dans son discours prononcé le 17 décembre 2003 annonçant le projet de loi sur l'interdiction des signes religieux ostensibles.

sémantique du récent rapport de la commission Stasi permet de prendre la mesure du véritable repoussoir en quoi a été transformée la notion, et derrière elle le projet d'une société multiculturelle respectant les communautés historiques. L'adjectif « communautariste » y est presque systématiquement associé à celui de « repli », on y parle en mauvaise part de « logiques communautaristes » pour désigner le comportement de ceux qui font « primer l'allégeance à un groupe particulier sur l'appartenance à la République », etc. Et cependant, sous les mêmes plumes la référence aux communautés demeure constante. Reste à savoir ce à quoi elle renvoie.

La communauté d'assignation, véritable modèle français ?

Les types de laïcité ou plutôt de relations entre l'Etat et la religion dans l'Europe d'aujourd'hui se répartissent habituellement en trois modèles : I) celui de la religion d'Etat (la Grande-Bretagne, la Grèce) ; 2) le système de type concordataire dans le cadre duquel certaines religions sont reconnues et font même l'objet d'un financement par un canal fiscal (l'Allemagne) ; 3) le système de séparation stricte, à la française. En réalité les circulations d'un modèle à l'autre sont plus fortes qu'il n'y paraît. La laïcité du troisième type fait actuellement des progrès en Europe, en Belgique notamment. En amont, le Kémalisme turc doit beaucoup de son inspiration au modèle français. Mais si la laïcité à la française n'est donc nullement un isolat, la société issue de 1789 n'en conserve pas moins un style très particulier de relation aux religions minoritaires comme l'a montré hier le cas de l'organisation du culte israélite pendant la période napoléonienne ou demain celle du « culte musulman ».

Pour les Juifs, l'entrée en citoyenneté s'est opérée dans un climat de préjugés tenaces et dans le contexte d'un antisémitisme particulier au catholicisme contrerévolutionnaire qui commençait à peser sur la société impériale [1]. Cette tension entre volonté d'émancipation et réalité répressive ou hostile a abouti à un paradoxe : la laïcité crée un sas d'intégration des minorités et en cela elle a été fidèle à ses promesses. Mais en le créant sous la forme de la communauté obligatoire, elle a aussi institué une habitude risquée, celle d'intervenir si nécessaire dans les questions de dogme. Au risque de chercher à reformuler l'identité d'autrui plutôt que de reconnaître celle qui fut léguée par les siècles. C'est ce qui s'est passé dans le cas des Juifs au début du XIXᵉ siècle et que les législateurs de 1905 ont, eux, su éviter.

Pour Napoléon en 1806, la question de la structuration du culte pratiqué par les quelque 60 000 Juifs qui peuplent alors le « Grand Empire » est en effet prise dans la nasse d'une volonté de répression de la supposée usure juive en Alsace, problème qui occupe une place prépondérante voire

---

[1]. Encore une fois, mis en évidence par Arthur Hertzberg dans son *French Enlightenments and the Jews. The Origins of Modern AntiSemitism*, *op. cit.*

obsédante dans tous les débats [1]. L'empereur en faisait du reste une affaire politique et non religieuse. L'historien Robert Anchel n'en a pas moins montré l'influence indirecte mais décisive sur Napoléon d'un véritable parti antijuif et notamment du vicomte de Bonald en personne, l'écrivain catholique, père spirituel de la contre-révolution, ou de l'abbé Augustin Barruel, l'inventeur de la théorie du complot [2]. Il a reconstitué les diatribes antijuives de Napoléon au Conseil d'Etat. Il est vrai que cet antisémitisme fut tempéré par certains des légistes du même Conseil. Anchel rapporte ainsi une scène étonnante montrant Napoléon et l'un de ses conseillers disputant avec hostilité du contenu d'un Talmud qu'ils n'avaient lu ni l'un ni l'autre et qu'ils ne connaissaient que par ouï-dire.

---

1. On se reportera, pour la description détaillée de la première organisation du culte israélite et du contexte intellectuel de cette réorganisation, à l'ouvrage de Robert Anchel, *Napoléon et les Juifs. Essai sur les rapports de l'Etat français et du culte israélite de 1806 à 1815*, Paris, Presses Universitaires de France, 1928, ainsi qu'au livre de Simon Schwarzfuchs, *Du Juif à l'israélite. Histoire d'une mutation*, 1770-1870, Paris, Fayard, 1989.

2. Abbé Augustin Barruel, *Mémoire pour servir à l'histoire du Jacobinisme*, 1797.

C'est donc à chaud que le problème fut tranché par la convocation d'une assemblée des notables censée représenter la population juive, nommée par les préfets, assortie du sursis des créances juives. Cette Assemblée reçut un questionnaire en douze points, malveillant et sans doute élaboré dans l'espoir que les réponses permettraient à l'occasion de déchoir les Juifs de leur qualité de citoyen que la Révolution leur avait accordée. Il insistait particulièrement sur la polygamie et sur le divorce. Le problème des mariages mixtes (entre Juifs et non-Juifs) fut âprement discuté et ce fut la seule clause qui suscita une réticence de la part des rabbins. Du côté des pouvoirs publics on y tenait beaucoup car on pensait que c'était le seul moyen de « changer l'esprit des Juifs ». On sait que, par la suite, Napoléon entendit entériner sur un mode religieux les décisions de l'Assemblée de 1806 par la réunion d'un Grand Sanhédrin en 1807, ressuscitant en plein XIXᵉ siècle les formes juridiques qu'avait connues l'Israël antique. Les autorités souhaitaient même voir figurer ses décisions à côté du Talmud et avoir force de loi pour l'ensemble des Juifs du monde. La contradiction qui se lovera dans la gestion française des minorités religieuses dans l'avenir était d'ores et déjà à l'œuvre : il s'agissait en effet de faire en sorte que les Juifs *deviennent* « frères » des autres citoyens tout en prenant à leur encontre des mesures d'exception incluant des mesures répressives. Le Sanhédrin sut toutefois résister à certaines des volontés impériales. Par exemple sur la question des mariages mixtes, il se contenta de renoncer à l'anathème prononcé contre eux mais s'obstina à leur refuser toute consécration religieuse.

Si ce Grand Sanhédrin fit peu d'impression auprès des Juifs du temps, son résultat le plus tangible fut de cimenter l'unité de ceux qui vivaient en France auparavant séparés en « Portugais » et en « Allemands » et de constituer l'israélitisme français lequel finira par devenir une réalité tangible et non pas formelle. Les israélites devenus aujourd'hui les « Juifs de France » étaient nés, mais dans la douleur. Bien plus que les effets de la réglementation des dogmes et des doctrines, n'est-ce pas cette création de communauté qui demeure sous-jacente dans les processus actuels de mise en forme des cultes minoritaires (dans un contexte évidemment démocratique et donc délivré de l'autoritarisme napoléonien) ? Ne s'efforce-t-on pas encore de transformer par alchimie civique une *minorité* en *communauté* pour fournir à l'Etat-nation moderne les interlocuteurs crédibles dont il a besoin à ses propres fins et que l'on ne peut se contenter de recevoir tels qu'ils sont formés par leur propre tradition ? Au risque de contredire le principe démocratique en conférant à un groupe une légitimité par le haut. En somme, sous la carapace de l'idéologie anti-communautariste, la laïcité française est bien productrice de communauté et rien n'indique qu'elle ne le soit pas restée jusqu'à ce jour ni que le contexte dans lequel s'effectue cette production de communautés ne continue pas à l'heure actuelle à déterminer leur organisation.

Jean Baubérot faisait à propos de la façon dont s'était opérée l'émancipation des Juifs dans la foulée de la Révolution française la remarque suivante : « Le cas des Juifs est ici exemplaire [...]. Le minoritaire se retrouve dans une situation très difficile. On lui demande beaucoup plus qu'au majoritaire, de se comporter en individu détaché de son appartenance mais d'un autre côté on le renvoie en fait, de façon récurrente, à cette appartenance communautaire, quelle que soit la prise de distance qu'il a ou qu'il tente d'avoir avec les normes de son groupe [1]. » « Et là, ajoute-t-il, on peut dire que la France du début du XXIe siècle n'a pas fondamentalement changé par rapport à la France du XVIIIe siècle. » L'intervention sur la question des dogmes continue. Par exemple quand les pouvoirs publics, négligeant les différences de signification des divers signes à l'intérieur même des trois systèmes de croyance (islam, judaïsme, christianisme), instituent une fausse équivalence entre voile, kippa, crucifix, et donc pèsent indirectement sur le contenu et l'interprétation d'éléments de la vie religieuse, ce que les législateurs de 1905 avaient su éviter, échaudés par l'échec de la constitution

---

1. Dans *Religion et politique. Une liaison dangereuse, op. cit.*, p. 237.

civile du clergé, dans les débuts de la Révolution française.

Incontestablement la machine à méta-morphoser des groupes en communautés religieuses – en séparant ce qui dans l'islam comme dans le judaïsme est uni, à savoir la religion et le politique – et à les transformer en « confessions », a été remise en route et l'Etat entend fabriquer à nouveau une communauté d'assignation à destination des musulmans tout en conti-nuant à dénoncer officiellement le commu-nautarisme. Pourtant l'islam, comme le judaïsme, constitue moins une religion au sens de la « foi » ou de la « confession » qu'une « civilisation » au sens que le socio-logue israélien Eisenstadt donne à ce ter-me [1]. La séparation de la foi et de la politique ne peut venir que des fidèles ; or c'est bien à cette séparation-là que sont conviées des religions par ailleurs très poli-tiques pour être acceptées dans la Répu-

---

1. Shmuel Noah Eisenstadt, *Le Retour des Juifs dans l'his-toire*, traduit de l'anglais par Madeleine Martinez-Ubaud et Constanze Villar, Bruxelles, Complexe, 2002. Le terme « civili-sation » est préféré à celui de « peuple », de « nation » ou de « religion » et considéré comme plus adéquat.

blique. La lutte autour des symboles religieux comme le foulard, n'est qu'une des manifestations de cette tension. Ce que requiert cette laïcité, c'est non seulement l'ouverture de l'Etat national à la diversité mais aussi la réforme identitaire des individus. Or la société française du début du XXIe siècle a-t-elle la force d'attraction suffisante pour obtenir de ces individus cette véritable réforme intellectuelle et morale que la France napoléonienne avait exigée des Juifs ? L'exigence régénératrice est-elle en définitive compatible avec la démocratie ? La République n'est-elle pas plutôt en train de se défausser sur les religions pour faire œuvre de salubrité publique et obtenir la paix dans ses faubourgs au prix d'une communautarisation — certes silencieuse et non assumée — de ses mœurs politiques lourdes de fractionnements futurs ? Ne vaudrait-il pas mieux dialoguer et faire dialoguer les communautés, en leur accordant un début de reconnaissance, plutôt que de chercher à les transformer selon la vieille recette de la communauté d'assignation ? C'est à la réponse à ce genre de question que l'on pourra savoir si le « réacteur républicain » français est asphyxié par le communautarisme qu'il dénonce et suscite en même temps ou s'il conserve pleine et entière sa vertu d'adaptation, et en définitive de modèle. Pour la République, la lutte contre l'antisémitisme et pour la vie des communautés en son sein n'est pas qu'une question d'ordre public mais de projet.

Conclusion

Si le combat contre l'antisémitisme requiert de la République une interrogation rétrospective sur la façon dont elle gère ses rapports aux minorités, dans une période de refondation, plus encore à l'heure de l'Europe et après la secousse du 21 avril 2002, ne serait-il pas temps que celle-ci cesse de chercher le salut selon les vieilles recettes de la communauté d'assignation ? Un certain libéralisme ne serait-il pas préférable à condition qu'il ne se limite pas au laisser-faire mais prenne en charge l'organisation de la liberté ? Faut-il encore substituer des groupes artificiels qu'on contribue à figer à un état ancien de leur évolution aux communautés historiques en constante évolution ? Grande productrice de communautés aux pieds d'argile, la République devrait pouvoir accepter de passer ouvertement d'une dialectique de la *régénération* (rendre les Juifs ou les musulmans « plus heureux et plus utiles », pour parodier la célèbre formule de l'abbé Grégoire) à celle de la *reconnaissance*. Sans doute en serait-elle mieux armée pour affronter les antisémites au lieu de peiner à les voir à l'œuvre dans l'espace social. Pas plus qu'elle ne perçoit les Juifs eux-mêmes tels qu'ils sont. Il lui faut sortir du malaise.

Remonter le cours d'un fleuve qui charrie l'antisémitisme n'est assurément pas une tâche facile et les diagnostics sont plus commodes à faire que les prescriptions. Maladie sociale, l'antisémitisme n'en demeure pas moins résistible. Le sociologue américain d'origine allemande Kurt Lewin [1] qui affronta cette question avant 1939, eut tôt le pressentiment que l'essentiel du chemin devait être fait par le groupe majoritaire. Car le groupe minoritaire demeure tel, non du fait de sa cohésion

---

1. *Resolving Social Conflicts : Selected Papers on Group Dynamics*, A Condor Book, 1973 [1948].

interne toujours incertaine, mais parce que la majorité n'entend pas qu'il se disloque, même dans le cadre d'une société ouverte. Certes, les murs des ghettos sont tombés mais les barrières n'en ont pas disparu pour autant. Elles sont intériorisées par les individus qui les touchent du doigt quand ils doivent réfléchir aux frontières toujours mobiles de ce qu'ils sont ou non en droit de dire pour ne pas impatienter les autres (dans le cas des Juifs : évoquer la Shoah sans être soupçonnés de pratiquer un chantage victimaire, être solidaires d'Israël, etc.). Lewin constatait aussi que les murs pouvaient servir à eux seuls de principe de cohésion dès lors que les sources d'identification collective s'étaient taries. De moins en moins vécues intérieurement, les identités ont tendance à se jouer dans un espace public dont les capacités d'accueil sont, comme on l'a vu, restreintes aux communautés d'assignation, où la définition d'un interlocuteur que la République se donne est privilégiée sur le dialogue, où pour elle aussi l'important devient la limite et non ce qu'elle encercle. Ce qui est frappant, à l'heure où l'on parle tant du « retour du religieux » et des identités, c'est l'appauvrissement du contenu aussi bien de ces religions que des identités. Les prisonniers se trouvent des deux côtés du mur.

TABLE

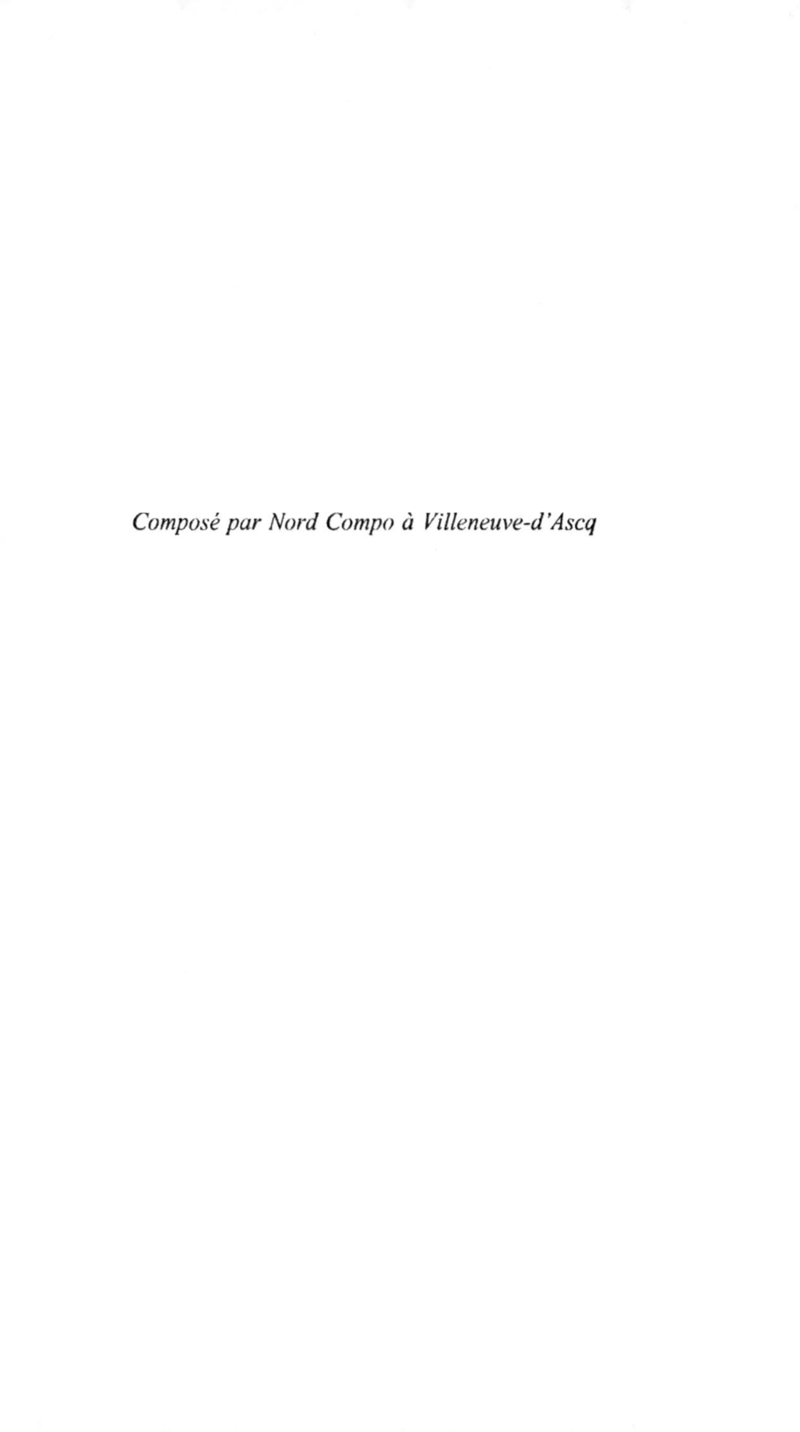

Composé par Nord Compo à Villeneuve-d'Ascq

Impression réalisée sur CAMERON par

BUSSIÈRE CAMEDAN IMPRIMERIES

GROUPE CPI

à Saint-Amand-Montrond (Cher)
pour le compte des Éditions Grasset
en septembre 2004